J. H. F. Müller

Gräfin Tarnow

Originaldrama in 5 Aufzügen

J. H. F. Müller

Gräfin Tarnow
Originaldrama in 5 Aufzügen

ISBN/EAN: 9783743635227

Hergestellt in Europa, USA, Kanada, Australien, Japan

Cover: Foto ©Thomas Meinert / pixelio.de

Weitere Bücher finden Sie auf **www.hansebooks.com**

Gräfinn Tarnow.

Ein Originaldrama,

in fünf Aufzügen.

verfertiget:

von

Johann Heinrich Friedrich Müller,
Mitglied der kaiserl. königl.
Nationalschaubühne.

Zum erstenmale aufgeführt den 15ten Oct.
1771.

Mit Röm. kaiſ. königl. allergnädigſter Freyheit.

Zu finden beym Logenmeiſter.

Personen.

Gräfinn Tarnow.

Charlotte, ihre Tochter.

Graf Passenborn, ihr Schwiegersohn.

Sophie, dessen Gemahlinn.

Sophie, 5. Jahr alt, } dessen Kinder.
Karl, 4. Jahr alt,

Der alte Graf Perchau.

Der junge Graf Perchau.

Graf Dorbach.

Rosette, Kammermädchen der Charlotte.

Herr Strohm, Haushofmeister.

Simon, } Bediente der Gräfinn Tarnow.
Anton,

Philipp, Bedienter des Grafen Passenborn.

Die Handlung geht auf dem Landgute der Gräfinn Tarnow vor. Sie fängt nach Mitternacht an, und endiget sich gegen Abend.

Erster Aufzug.

Zimmer der Gräfinn Charlotte.

Erster Auftritt.

Rosette allein.

(Sie sitzt an einem Tische, worauf zwey brennende Lichter stehen. Durch Gebärden drückt sie aus, daß sie schläfrig sey. Auf einem andern Tische steht eine Uhr. Bey Eröffnung der Bühne schlägt es zwölfe.)

Schon zwölf Uhr, und noch beym Soupee! — Für uns wirklich was seltnes, in der Mitternachtsstunde noch nicht zu schlafen! (seufzet) Sonst waren wir ruhiger! — (dehnt sich) Heute bin ich außerordentlich schläfrig — Es kann aber auch nicht anders seyn; bey Tage arbeiten, und des Nachts seufzen, und weinen — Ja — Und warten muß

muß ich. Nun so warte ich. Ich werde es doch wohl hören, wenn sie kömmt. (Sie legt sich mit dem Kopf auf den Tisch, als wollte sie schlafen.)

Zweyter Auftritt.

Rosette. Simon.

Simon (tritt ohne Geräusch ein, hat eine Schachtel in der Hand, sieht Rosette an, und sagt.) Ha! ha! der wird die Zeit lang. (Er geht näher zu Rosetten, welche sich verstellt, als wäre sie im tiefsten Schlafe, und sagt mit gedämpfter Stimme) Schläft sie schon? — Ob sie schon schläft? — Ja? — (Für sich) Die ist hin! — hin! — Aber, wie wecke ich sie, daß sie nicht böse wird? Sprechen muß ich mit ihr. (Er sieht sie eine Weile an, hernach redet er zu ihr etwas lauter) Das ist wahr, schön, schön ist die Jungfer Rosette; — Wenn ich kein Bedienter wäre — — (Für sich) Sie rührt sich nicht, das schlug fehl. (Zu ihr, doch ohne sie anzurühren) Nun, nun, mache sie nur keinen Spaß, die Gräfinn schickt mich. Ich muß meine Post ausrichten. (Er wartet auf Antwort, und da sie sich nicht bewegt, fährt er fort) Segne es ihr der Himmel! — Sie schläft firm! (Für sich seitwärts) Aber ich traue doch nicht recht. (Er geht zu ihr, und sagt ziemlich laut) Wenn sie mein Geheimniß nur schon wüßte, denn —

Rosette (bewegt sich.)

Simon (seitwärts.) Brav! die Neugierde weckt — Hört sie nicht, Jungfer Rosette?

Rosette (sie sieht ihn.) Ha! Simon — haben die Herrschaften abgespeist?

Simon.

Simon. Schon lange. Sie sitzen aber noch bey der Tafel. Wir wurden weggeschafft, vermuthlich — wie sie leicht denken kann, ihr Gespräch nicht mit anzuhören — Die Gräfinn schickt hier die Brautgarnitur; Sie soll sie verwahren.

Rosette (nimmt sie, und setzt sie auf den Tisch.) Gut!

Simon. Sie wird auch froh seyn, Jungfer Rosette, wenn die Hochzeit einmal vorbey ist.

Rosette. Ja, ja!

Simon. Das kann ich mir vorstellen — Ja, wenn man gezwungen ist zu dienen, muß man sich leider viel gefallen lassen; — Die Herrschaften gehen mit uns um, als wären wir nur auf der Welt, um ihren Eigensinn zu befriedigen.

Rosette. Von unsrer Gräfinn können wir das wohl nicht sagen. Sie ist die rechtschaffenste Dame, die uns nicht als Bediente — als unglückliche Freunde ansieht. Es wäre ungerecht und undankbar, wenn wir uns über sie beklagten. Ihre Güte verbreitet sich über uns, und über alle Unterthanen in ihrem Gebiete. Vergeht wohl ein Tag, an welchem sie nicht Beweise ihrer Menschenliebe und Milde giebt?

Simon Da hat Sie recht. Bewahre der Himmel, daß ich mich über sie beschweren sollte. Nein, das nicht! — Ich bin nur aus gewissen wichtigen Ursachen unzufrieden, daß mich das Schicksal zum Dienen bestimmt hat.

Rosette. Wie so?

Simon (ängstlich.) Versteht sie mich; wenn ich etwas anders, als ein Bedienter wäre, so hätte ich mich zu einer so verwegnen Unternehmung nicht bereden lassen. Ich würde gesagt haben: Lassen sie mich ungeschoren — Wählen sie einen andern, als mich dazu — Was fällt ihnen ein, solche Sachen von mir zu begehren —. Das lasse ich bleiben. So aber zwingt uns oft eine gewisse Ehrerbietung Unrecht zu thun.

thun. Man scheut sich, Leuten, die vornehmer, als wir sind, etwas abzuschlagen — Kömmt hernach noch ein wenig Mitleiden dazu, so ist man vollends unvermögend, zu widerstehen.

Rosette. Das begreife ich nicht! Er zittert ja, als wenn er ein Schelmstück begangen hätte. Was hat er auf seinem Herzen?

Simon. Wahrhaftig, keine Kleinigkeit.

Rosette. Nun heraus mit der Sprache.

Simon. Ich darf es ihr nicht verbergen, wenn ich auch wollte — Ich weis, sie hat ein gutes Herz — Was wäre ihr mit meinem und meiner Angehörigen Unglücke gedienet? (unzufrieden) Daß sich Graf Dorbach nicht an einen andern gemacht hat —

Rosette. Graf Dorbach? — Wie?

Simon. Was hilfts? Geschehn ists nun schon — Höre sie nur: Nach dem unglücklichen Zweykampfe, worinn er den ältern Perchau zu seinen Vätern schickte, entfloh er, um der Strenge der erneuerten Duellgesetze auszuweichen — Nicht wahr? Sie selbst hätte Tausend gegen Eins verwettet, daß er sich so bald nicht wieder in seinem Vaterlande würde blicken lassen.

Rosette. Gewiß! Der Prozeß ist noch nicht entschieden — —

Simon (vertraut) Er ist uns näher, als sie denkt.

Rosette (erschrocken.) Graf Dorbach?

Simon. Ja — Die Gräfinn schickte mich nach dem Gasthofe. Sie stattet, wie sie weis, morgen sechs ihrer Unterthanen aus. Ich mußte dem Wirth die Befehle überbringen, ja nichts mangeln zu lassen. — Im Zurückgehen höre ich unterm Schloßthore meinen Namen nennen. Da ich der Stimme zugieng, erkannte ich mit nicht geringem Erstaunen Kasparn, der den Grafen nach dem Duelle auf seiner Flucht begleitete. Ohne viel zu reden, nahm er mich beym Arme, und führte mich zu meinem alten Vater.

Vater. Ich fand die Meinigen in einer außerordentlichen Bestürzung. Sie waren beschäftiget einen Ohnmächtigen zu ermuntern. Es war Graf Dorbach. Sein Gesicht war voller Gram und Kummer. — Sparet euren Beystand, — rief er, indem er sich erholte. Lasset mich sterben, wenn ich Charlotten nicht besitzen soll. — Er weinte. Wir weinten alle mit. — (Seufzend) Der gute Herr! — Er verwünschte seine gehabte Zwistigkeit, die ihm ein Gut raubte, ohne welches er nicht leben könnte. Ich muß sie sprechen, rief er. Ich scheue keine Gefahr. Aus ihrem Munde will ich mein Urtheil hören. Führe mich zu ihr. Komm, Simon! — Alle Vorstellungen, die wir ihm machten, waren vergebens. Bald wüthete, bald bat er. Ich konnte seinen dringenden Bitten nicht widerstehen. Kurz, ich that, was ich nicht hätte thun sollen. Ich führte ihn hieher.

Rosette (sehr erschrocken.) Hieher!

Simon. Ich habe ihn im anstoßenden Kabinette versteckt. Niemand im Schlosse, als sie und ich, weiß seine Gegenwart. Da er einmal hier ist, so müssen wir verhüten, daß er nicht erkannt wird. Es ist eine Gewissenssache. Ich denke —

Rosette (aufgebracht) Ich denke, daß er ein Unbesonnener ist. (Aengstlich) Was hat er gethan? Warum hat er den Grafen hergeführt?

Simon. Der Zufall muß mich entschuldigen. Ich hatte keine Zeit zu überlegen. Sollte ich Lärm machen, und ihn dadurch der Gerechtigkeit in die Hände liefern? Sein Kopf steht ja in Gefahr!

Rosette. Was für Folgen kann diese Zusammenkunft nach sich ziehen? Ich zittere, wenn ich daran gedenke. Und was sucht er endlich bey meiner Gräfinn? Itzt ist es zu spät. Morgen wird Perchau mit ihr versprochen — Wie klopft mir das Herz! Unvorsichtiger! in welche Angst stürzt er mich. Suche er den Grafen von seinem Vorsatze abzuhalten. Ich

Ich menge mich in keine Sache, die so vielen Gefahren unterworfen ist.

Simon. Aber —

Rosette. Kein aber, gehe er, oder ich entdecke den Augenblick seine Unbesonnenheit. (sie dringt ihn fort)

Simon. Ich dächte doch —

Rosette. Fort! fort!

Simon (besorgend.) Wenn er sich nur abweisen läßt. (er geht ab)

Dritter Auftritt.

Rosette allein, mit Bewegung.

Hier? Ists möglich — Zu einer solchen Zeit? — Doch warum zweifle ich? Eine heftige Liebe unternimmt alles. — Ist es aber nicht vortheilhafter für beyde, wenn sie sich nicht sehen? — Gewiß, der Schmerz meiner Gräfinn würde nur erneuert; öffentlich darf er sich nicht zeigen — (Sie sieht den Grafen) Ach! —

Vierter Auftritt.

Graf Dorbach tritt in einem Reisekleide ein mit zerstreuten Haaren, Rosette.

Rosette. Herr Graf, was wagen sie? (sie will ihn zurück dringen)

Dorbach. Das Aeußerste, Charlotten zu besitzen! —. Vergebens widersetzest du dich mir, ich muß deine Gebieterinn sprechen.

Rosette. Bedenken sie auch die Gefahr —

Dorbach. Ich scheue sie nicht. Meine Gegenwart muß dich davon überzeugen.

Rosete.

Rosette (will ihn zur Thür hinaus dringen.) Fliehen sie! fliehen sie, Herr Graf, oder ich muß ihre Verrätherinn werden.

Dorbach (mit Wuth.) Du meine Verrätherinn? (indem er sie ungestüm von sich stößt, daß sie auf einen Sessel sinkt) Elende! werde es, wenn du niederträchtig genug bist. (Indem er sie mit Reue ansieht) Vergieb mir. Wenn du die Liebe kennst, sey gerecht gegen mich! (er hebt sie wieder auf) Du weißt mein Schicksal; mißgönne mir doch das Vergnügen nicht, einige glückliche Minuten zu haben. — Seit der Zeit, da du mich zum letztenmale sahest, habe ich keine gehabt. — (Weinend) Kannst du so grausam seyn, mir diesen Trost zu entziehen? Du?

Rosette (gerührt.) Die Folgen schrecken mich. Was werden sie gewinnen? Sie werden sie sehen, und — doch nicht glücklich seyn.

Dorbach. Wir sind es gewiß — noch hoffe ich — Wir werden es gewiß. Mein Herz sagt es mir.

Rosette. Aber, gnädiger Herr, Graf Perchau —

Dorbach. Ich fürchte ihn nicht.

Rosette. Er ist ihr Nebenbuhler — Sein Bruder — —

Dorbach. Fand durch meine Hand seinen Tod, willst du sagen. Es war seine Schuld — Ich war der Beleidigte; und doch wich ich ihm aus; allein er ruhte nicht — Ich mußte mich vertheidigen. (Mit Achselzucken) Er sank zu Boden. — Sein Vater war Zeuge. — Liebt er die Ehre, so muß er mich selbst rechtfertigen.

Rosette. Er wird ihren Untergang nicht befördern, allein ob sein Sohn — — —

Dorbach. Dieß muß Charlotte bestimmen; meine Liebe hat ältere Rechte; — Meine Unruhe, meine Entfernung hat sie nicht vermindert. (Feurig) Auch sie liebt mich noch, nicht wahr, Rosette, sie liebt mich

mich noch. Ich zweifle nicht daran — Nur ihre Sittsamkeit, und der Gehorsam gegen ihre Mutter machen sie muthlos. Nicht stark genug, die Vorschläge ihrer Verwandten zu bestreiten, willigt sie in eine Verbindung, die ihr Herz doch heimlich verwirft. — Noch ist sie frey — Der Augenblick, sie auf immer zu verliehren, rückt heran — (dringend) Himmel! laß es nicht zu! — Soll die reinste Liebe, die mein Herz durchglüht, dich umsonst anrufen. Sie ist dein Werk; du hast sie in meinem Busen entzündet, beglücke sie! — oder gieb mir den Tod.

Rosette (ängstlich, indem sie horcht.) Ein Geräusch? — (Sie kniet) Gnädiger Herr! wenn ihnen ihre eigne Sicherheit, die Ruhe meiner Gebieterinn werth ist, so meiden sie diesen Ort. Sie sind verlohren, wenn sie entdeckt werden! Gott! ich zittere für sie, für uns alle.

Dorbach. (Hebt sie auf) Sey klug, verbirg mich.

Fünfter Auftritt.

Vorige. Simon eilends.

Simon. Die Herrschaften sind aufgestanden.

Rosette (mit gerungenen Händen) Herr Graf, eilen sie, sie befördern unser Unglück.

Dorbach. Du begehrst eine Unmöglichkeit. (Er geht auf ein Nebenkabinet zu) Bereite sie vor.

Rosette (will ihn zurückhalten.) Ich bitte —

Dorbach (im Abgehen) Vergebens! — Laß mich!

Simon (zu Rosetten) Da sieht sie es. Er ist nicht wegzubringen.

Rosette (fährt hitzig auf) Wer ist Schuld daran?

Simon

Simon (erschrocken.) Nur still — ich will für
eure Sicherheit sorgen. (er geht)
 Rosette. Hätte er lieber für unsere Ruhe gesorgt
— Was soll ich thun? — Was kann ich thun? —
Ich kann keinen Entschluß fassen — Die Ueberra-
schung war zu schnell — Sie kömmt — Wie soll ich
es ihr entdecken!

Sechster Auftritt.

Gräfinn Charlotte. Rosette. Anton, welcher
 mit zwey Lichtern vorausgehet.

Rosette (ist voller Unruhe.)
 Gr. Charlotte (geht mit niedergeschlagenem
Haupte zum Tische, und setzt sich.)
 Anton (nach einer Pause.) Haben eure hochgräf-
lichen Gnaden noch etwas zu befehlen?
 Gr. Charlotte. Nein — Es ist spät, begebt
euch zur Ruhe.
 Anton (neigt sich, und gehet ab.)

Siebenter Auftritt.

Gräfinn Charlotte. Rosette.

Gr. Charlotte (wirft nach einigen Stillschweigen einen Blick auf Rosetten.) Du bist unruhig —
gutes Mädchen, ich weiß, daß dich mein Zustand rührt.
Komm näher, du besitzest mein ganzes Vertrauen.
 Rosette (die sich furchtsam nähert.) Wenn ich
es nicht mehr verdiene, so habe ich mich doch dessen
nicht vorsetzlich unwürdig gemacht.
 Gr. Charlotte. Du verdienst es — Hätte ich
deinem Rathe gefolgt, vielleicht wäre ich, wir
alle

alle zufriedener. Ach Rosette, die Stunde nähert sich, und noch habe ich meine Abneigung verläugnet. (Seufzend) Diese Nacht — —

Rosette (seitwärts seufzend.) Wäre sie schon vorüber!

Gr. Charlotte. Bald wird sie verschwinden! und dann sollen mich unauflösliche Bande fesseln! (Sie läßt ihr Haupt sinken.)

Rosette (seitwärts.) Wie beklemmt ist mein Herz!

Gr. Charlotte (nach einer Pause.) Was habe ich nicht gelitten, und was leidet meine Seele noch? — Geschwiegen — gehorcht — geseufzet — mein Gesicht aufgeheitert, wenn Thränen in meine Augen treten wollten; — Gehofft — gewünscht! — Du schweigst? Suche doch Trost für mein gequältes Herz!

Rosette. Wo soll ich ihn finden? Er kömmt zu spät —

Gr. Charlotte. Dein Vorwurf ist gegründet. (Sie steht hitzig auf) Ich habe Unrecht, daß ich so lange schwieg, daß ich dem Perchau Hoffnung ließ — . Eine Hoffnung, die mir meine Ruhe kostet! —

Rosette. Wir fehlen oft aus gutem Herzen. (seufzend)

Gr. Charlotte. Allein bedenke den Zustand eines unglücklichen Mädchens, dessen Geliebter fliehen muß, um den drohenden Gesetzen auszuweichen, und der für mich unwiederbringlich verlohren ist! Schrecklicher Gedanke! — Unglücklicher Dorbach! (Sie weint) Ich hatte nicht Muth genug, bey dem neuen Entwurfe meiner Mutter zu reden. Ich zitterte, meine Pflichten zu verletzen, sie zu erzürnen; ich hoffte nach ihrer Vorschrift lieben zu können! und nähere mich, da ich keine Zuflucht weiß, keine zu suchen wage, unter einem Kampfe von Pflicht und Widerwillen nun bald dem Altare, wo ich mich dem er-

geben

geben soll, den ich doch nicht liebe! (sie sinkt in ihren Sessel, und weint)

Rosette (seitwärts.) Ich kann nicht länger schweigen; ihr Gram wird vielleicht gemindert. — Was hilft meine Zurückhaltung? Die Zeit vergeht —

Gr. Charlotte. (steht entschlossen auf.) Nein ich will nicht ungerecht gegen mich selbst handeln, so bald der Tag anbricht —

Achter Auftritt.

Vorige. Simon schleicht herein, und sieht sich im Zimmer um, als suchte er jemanden.

Simon. Euer hochgräfliche Gnaden sind in vollkommener Sicherheit, ich habe ——

Gr. Charlotte (welche sich über seinen vertraulichen Ton wundert.) Was wollt ihr?

Simon. Ich habe das ganze Schloß recognoscirt; alles schläft. Herr Strohm liegt auch schon. Wenigstens brennt kein Licht mehr in seinem Zimmer. Besorgen Ihro hochgräflichen Gnaden nichts. Ich stehe auf der Schildwacht. — Wenn ich das Geringste höre — gleich bin ich hier. (er will wieder gehen)

Gr. Charlotte (erstaunt.) Ich glaube, der träumt?

Rosette. Ach nein!

Simon (zurückkehrend.) Das einzige will ich unterthänigst gebeten haben, daß er sich nur in der Dunkelheit noch fort macht.

Gr. Charlotte. Was redet ihr?

Simon (lächelnd und vertraulich) Ich habe ihn ja hergeführt —. Euer hochgräfliche Gnaden
können

können sich auf mich verlassen, ich bin verschwiegen und vorsichtig. (er will gehen)

Gr. Charlotte. Das begreife ich nicht!

Rosette (seitwärts.) Wenn er mir doch die Mühe ersparte!

Simon (zurückkehrend.) Das wäre kein kleines Unglück — Aber es ist nichts zu befürchten. Die Pferde sind gesattelt. Ehe der Tag völlig anbricht, kann er ein Paar Meilen zurücklegen.

Gr. Charlotte. Wer?

Simon. Graf Dorbach. (er zeigt auf das Kabinet)

Gr. Charlotte (erschrocken.) Dorbach?

Simon. Ja. (Zu Rosetten) Weiß die Gräfinn noch nichts?

Rosette. Nein.

Simon (im Abgehen zitternd.) Das habe ich wieder gut gemacht.

Gr. Charlotte (welche sich ängstlich im Zimmer umsieht, nähert sich dem Kabinet, bebt aber erschrocken wieder zurück.) Er ist hier? — hier? — Ach Unglückliche! nun begreife ich dein Zittern — Dorbach hier? — (Geschwind und ängstlich) Gott laß ihn fliehen — (Sie sieht nach der Thür) Sein Leben steht in Gefahr — (Sie erblickt ihn, und fällt Rosetten in die Arme) Ha Dorbach!

Neunter Auftritt.

Vorige. Dorbach.

Dorbach. Theuerste Charlotte!

Gr. Charlotte (reißt sich auf einmal von Rosetten los.) Verlassen sie mich, leichtsinniger Freund! Warum trotzen sie der Gefahr, die ihre Schritte unsicher macht. (Mit ringenden Händen) Retten sie sich —

Dorbach. Nicht eher, bis ich mein Schicksal weiß —

Gr Charlotte. Wenn sie mich lieben —. (bittend.)

Dorbach. Ob ich sie liebe? — Könnten sie zweifeln? — Sie? in der alle meine Wünsche ihr Ende finden? — Seitdem ich von ihnen schied; war mir die Freude unbekannt. Mein Herz hob sich mühsam unter einer drückenden Last. — Nun habe ich sie wieder, dieser Augenblick tilgt meine Leiden! Machen sie mein Glück vollkommen.

Gr. Charlotte (weinend.) Zu spät, zu spät, Dorbach! — Wir sind unglücklich! — Wüßten sie —

Dorbach. Ich weis alles. Es ist nichts vorgegangen, was ich nicht an meinem Zufluchtsorte erfuhr. — Sie sind nicht meineidig! Nein! — Sie folgen gezwungen. — Wenn mir ihr Herz treu bleibt, so ist keine menschliche Macht vermögend unsere Liebe zu trennen. (er legt sein Haupt auf ihre Schulter)

Gr. Charlotte (seufzet, und verbirgt ihre Thränen.)

Dorbach. Treu! sie sind es doch, Charlotte? —

Gr. Charlotte (wendet sich weg.)

Dorbach (empfindlich.) Die Bande der Liebe sind heilig — so heilig, als die Bande des Bluts. — Sie seufzen? (Aufgebracht) Sollten sie bereuen —

Gr. Charlotte. Bereuen? — Ach Dorbach! Sie verkennen mich. — Der Augenblick, worinn Perchau fiel, macht unser Unglück!

Dorbach. Auf sie kömmt es an, es nicht zu vollenden. Meine Sache ist in den Händen der Gerechtigkeit. Sie muß zu meinem Vortheile entscheiden — Fassen sie Muth — Passenborn ist ein rechtschaffner

ner Mann. Er ist mein Freund; vertrauen sie sich ihm, wenn sie ihre würdige Mutter zu beleidigen fürchten! Er wird uns unterstützen. — Die Zeit dringt herbey, nur keinen Verschub! Ein hergebrachtes Ceremoniel soll morgen Herzen trennen, die sich lieben, Herzen fesseln, die sich hassen! — Morgen schon! — Können sie ohne Schaudern an diese fürchterliche Stunde denken? Waffnen sie sich mit Standhaftigkeit, oder fürchten sie meine Verzweiflung. — Ohne Scheu würde ich aller Gefahr trotzen, sie der Hand meines Nebenbuhlers entreißen — Ich fürchte den Tod weniger als ihren Verlust!

Gr. Charlotte (sieht ihn mit zärtlicher Wehmuth an, läuft auf ihn zu, und nimmt ihn bey der Hand.) Dorbach! ich wage alles! — Beruhigen sie sich — Ein Stral von Hofnung erheitert meine Seele. — Mein Schwager, der seit einigen Tagen hier ist, wird mich unterstützen! — Der alte Perchau ist aus vielen Ursachen verpflichtet Achtung für ihn zu haben. Die flüchtige Gemüthsart des Sohnes läßt mich hoffen, er werde nicht auf meinem Besitze beharren. Passenborns Ansehen — —

Zehnter Auftritt.

Vorige. Herr Strohm in einem Kafftan mit einer Blendlaterne.

Rosette (sehr erschrocken über dessen unvermutheten Eintritt.) Himmel!

Gr. Charlotte (erschrocken.) Strohm!

Dorbach (geht entschlossen auf ihn zu, und nimmt ihn bey der Hand.) Ist er ein ehrliebender Mann? (Er wirft einen Blick auf Charlotten) Es hängt mehr als mein Wohl von meiner

ein Originaldrama.

Sicherheit ab. (Mit einer drohenden Miene) Sollte er kommen mein Unglück zu befördern — —. Strohm. Ich suche es vielmehr zu verhüten. Die Folgen werden es bestätigen.

Dorbach. Strohm, ich bin gegen die beßten Menschen mißtrauisch.

Strohm. Keinen Argwohn, Herr Graf — Das Amt, daß ich hier im Schloße bekleide, und meine Pflicht erfodern eine genaue Wachsamkeit. Ich bin gewohnt, ehe ich mich schlafen lege, alle Winkel des Hauses zu durchsuchen. Durch diese Vorsicht entdeckte ich heute ihren Bedienten. Ich erfuhr, daß sie zugegen wären, und führte ihn auf mein Zimmer, damit kein Zufall einem andern ihr Daseyn verriethe. Sie haben nichts zu befürchten. — Doch, gnädiger Herr, da ihre Sicherheit, die Ruhe des Hauses, und vornämlich der gute Ruf der Gräfinn Charlotte ihre schleunige Entfernung fodert, so bitte ich gehorsamst, das Gespräch abzubrechen, und mir zu folgen. — Vertrauen sie sich mir.

Dorbach. Gut! — Nur ein Paar Worte. (Er führt Charlotten an die Seite, und sagt) Charlotte! (bedeutend) Ein redliches Herz hat keine andere Entschuldigung sich von seinem Versprechen los zu machen, als eine unwidertreibliche Unmöglichkeit. — Wenn ihre Vorstellungen fruchtlos wären, so bleibt ihnen noch ein Mittel — Fliehen sie!

Strohm (neigend.) Ist es ihnen gefällig, gnädiger Herr — —

Dorbach (sieht die Gräfinn an, küßt ihr schleunig die Hand, und sagt seufzend.) So komm er!

B   Eilf-

Eilfter Auftritt.

Gräfinn Charlotte. Rosette.

Gr. Charlotte (nach einigem Nachdenken.) Fliehen! — um einem ungerechten Zwange zu entgehen, den ich mir selbst anlege? — Meine Mutter so zu kränken — Nein Dorbach, dieser Schritt würde mich strafbar machen — Nie könnte ich es mir vergeben — Jede Flucht entehrt. — (Nach einigem Stillschweigen) Durch Vorstellung, Bitten und Thränen will ich unsere Trennung zu hemmen suchen.

Zwölfter Auftritt.

Vorige. Simon ängstlich.

Simon. Ach, Ihro hochgräflichen Gnaden, das sieht übel aus. Wir sind gefangen — Ich armer Narr! Herr Strohm will mich morgen zum Recrouten abgeben, weil ich den Grafen hergeführt habe — Der verwünschte Kaspar! wäre er bey seinen Pferden geblieben! —

Dreyzehnter Auftritt.

Vorige. Herr Strohm eilends.

Strohm (zur Gräfinn.) Euer hochgräflichen Gnaden, ich bitte mir nur einige Minuten aus — Die Sache ist dringend.

Gr. Charlotte (erschrocken.) Ist er verrathen?

Strohm.

Strohm. Nein. Es ist nichts zu befürchten. Doch wir müssen auf unserer Hut seyn — Darf ich bitten. (Er zeigt auf das Kabinet) Rosette, sie geht auch mit.

Gr. Charlotte (indem sie mit Rosetten, die ein Licht, und die Garnitur mitnimmt, abgeht) Was für eine Nacht!

Strohm. Ich folge den Augenblick. (zu Simon) Hier habt ihr den Schlüssel zum Thore. Vermeidet alles Geräusch, und führt die Pferde des Grafen mit möglichster Behutsamkeit hinter den Garten. Ihr wartet dort, bis wir kommen. Sagt eurem Vater, daß er von dem, was diesen Abend bey ihm vorgegangen wäre, (drohend) niemals etwas erwähnte — (Er sieht noch Licht stehen) Löscht die Lichter aus! — Seyd vorsichtig, oder — Ihr wißt, was ich gesagt habe. (er geht ins Kabinet)

Simon (ängstlich.) Ja, ja, Herr Strohm! (Er löscht eins von den Lichtern mit den Fingern aus, und verbrennt sich) Brenn du, und der Geier! — Nur kein Soldat! Ich kann das Feuer nicht leiden. (geht ab)

Zwey=

Zweyter Aufzug.

Das Theater stellt ein Vorzimmer vor, worinn die Bedienten handeln.

Erster Auftritt.

Anton, halb angekleidet, Simon.

Anton. (indem er sich vor einen kleinen Spiegel, der an der Scene hängt, den Kopf in Ordnung bringt, brummt gegen den Simon.) Heute wird wieder alle Arbeit auf mich springen.

Simon. (sitzt völlig angekleidet auf einem Sessel; lächelt und pfeift.)

Anton. (da er sich umsieht, zornig) Pfeif er nur noch — Unser einer muß seine Schuldigkeit thun, thu er sie auch, junger Lecker!

Simon. (lachend) Brumm er; brumm er nur! (seitwärts) Daß doch der Zankhader immer was zu hofmeistern hat.

Anton. Ja, ja, ich werde dem Hofmeister seine saubere Aufführung erzählen, er wird ihn schon Mores lehren. — Glaubt er etwa, daß ich nicht im Stande bin, das kapabel zu seyn?

Simon. Das traue ich ihm schon zu. Er wird auch ein paar kleine Zusätze machen, er ist ein Liebhaber von Vergrößern. — Aber wer thut denn seine Schuldigkeit nicht? Ich habe die Gräfinn Passenborn schon im Garten begleitet, und die jungen Herrschaften

schaften zu ihr geführt, und das Frühstück hinunter getragen, und ich bin schon fir und fertig — Er steht da, und hat seinen Schedel noch nicht einmal in Ordnung gebracht.

Anton. (böse) Weil ich auf ihn die halbe Nacht gepaßt habe — Warum geht er nicht, wie sichs gehört, zu Bette?

Simon. Deswegen hätte er immer früher aufstehen können.

Anton. (sehr hitzig) Ich glaube, er will noch Recht haben?

(Es wird innwendig geläutet.)

Simon. (im Gehen zu Anton) Gelt, das verdrießt ihm auch schon wieder, daß ich gehen kann. (geht ab)

Anton. (wenn Simon fort ist) Der muß mir fort, oder ich bleibe nicht. —

Zweyter Auftritt.

Herr Strohm in einem bessern Anzuge, **Anton**, hernach **Simon**.

Strohm. (der ein Memorial und ein versiegeltes Packet in der Hand hat) Seyd ihr nur allein hier?

Anton. (kalt) Simon ist den Augenblick zur Gräfinn gegangen.

Strohm. (da er sieht, daß sich Anton anzieht) Ich habe euch schon einmal verwiesen, daß ihr euch im Vorzimmer ankleidet. Ich will, daß man mir gehorcht. Es streitet wider die Ehrerbietung, die man sowohl seiner Herrschaft, als auch den Ankommenden schuldig ist. Steht zu rechter Zeit auf, und ziehet euch in eurem Zimmer an.

Anton. (brummend) Ich thue doch sonst meine Schuldigkeit.

Strohm (etwas aufgebracht) Deswegen habt ihr noch kein Recht den Wohlstand zu beleidigen. Ein vor allemal, ich verbiete es.

Anton. (seitwärts) Wenn andere nur nicht grössere Fehler begiengen.

Simon. (kömmt aus der Gräfinn Zimmer zurück) Eben recht, Herr Strohm, die Gräfinn erwartet sie.

Strohm. Gut! (zu Anton) Simon beschämt euch.

Anton. (der sich nun völlig angekleidet hat) Keine Kunst! Wer sich nicht auszieht, darf sich nicht anziehen. Der schwärmt ganze Nächte, und —

Strohm. (zu Anton) Von der heutigen Nacht weiß ich. (geht ab)

Dritter Auftritt.

Anton. Simon.

Simon. Er meynts doch recht gut. — Itzt hat er mir wieder was eingebrockt!

Anton. Mach er sich nur nicht gar zu maufig. Thäte ich ihm etwa Unrecht?

Simon. Nun, nun, laß ers gut seyn. (er betrachtet ihn verwundernd) Potz tausend! schon geputzt! Der Kopf glänzt! Seine Parücke macht ja heute außerordentliche Galla. Aber warum denn einen Zopf? heute, wo wir alle Staat machen sollen? Ey, ey, Anton, seh er mich an. (er dreht sich um, und zeigt ihn seinen Haarbeutel) Ich dächte, so schickte sichs besser.

Anton. (geht auf ihn zu, und sagt mit Bitterkeit) Mein Zopf geht ihm nichts an!

(Es

ein Originaldrama.

(Es wird innwendig geläutet.)

Simon. (macht eine Wendung, als wollt er gehen.)

Anton. (hält ihn zurück) Itzt ist die Reihe an mir, Herr Wohldiener. (geht ab)

Simon. Das ist doch ein wunderlicher Mensch, so neidisch, so eigensinnig — Wenn ich sein Alter nicht schonte, wir lägen uns stündlich in Haaren. — Der sollte unser nächtliches Geheimniß wissen, das müßte wohl heraus.

Anton. (der zurückkömmt, befehlend) Komm er mit zum Verwalter. (er will auf der andern Seite abgehn.)

Simon. Was soll ich dort?

Anton. (dreht sich um). Will ers etwa gleich wissen? (er geht) Er wirds schon sehen.

Simon. Wenn aber die Gräfinn etwas begehrte?

Anton. (dreht sich um, mit Stolz) Da ich ihm sage, daß er mitgehen soll, so hat er nichts zu untersuchen. (er geht ab)

Simon. (geht nach) Bald werde ich losbrechen.*)

Vier-

---

*) Man könnte den Einwurf machen, daß diese drey Auftritte überflüßig, und zu der Haupthandlung nicht nöthig wären. Ich gebe es zu. Man kann sie nach Gefallen weglassen. Doch giebt es unter der großen Menge von Zuschauern nicht manche, die durch komische Züge wollen schadlos gehalten seyn? — An diese dachte ich auch. — Ueberdies glaubte ich, mehr Wahrscheinlichkeit in mein Gemählde zu bringen, wenn ich in einem Hause, wie ich mir das Tarnowsche denke, bey Anbruch des Tages die Personen handeln ließe, die, bis ihre Herrschaft erwacht, doch nicht unthätig sind.

Vierter Auftritt.

Das Zimmer der Gräfinn Tarnow, mit zwey Seitenthüren.
Die Gräfinn sitzt an einem Tische und schreibt. Strohm steht in einer Entfernung, und hält den Brief nebst der Bittschrift noch in der Hand.

Gr. Tarnow. Jedem Brautpaar hundert Gulden. Der Tochter des Thomas zweyhundert. — Der rechtschaffene Greis! Ich will dem dürftigen Verdienste zuvorkommen. Bedeute er ihm zugleich, daß dieser Vorzug, welchen ich seinem Kinde gebe, den jährlichen Unterhalt nicht aufhebt. So lang er lebt, soll er keiner Noth ausgesetzt seyn. (sie steht auf.)

Strohm. (neigend) Ganz wohl! — Diese Bittschrift habe ich eurer hochgräflichen Gnaden zu überreichen. Sie ist von der Verwalters Wittwe des Herrn Grafen von Perchau

Gr. Tarnow. (seufzend) Die Arme! Und dieß Packet?

Strohm. Gehört ihro Excellenz.

Gr. Tarnow. Meinem Schwiegersohn?

Strohm. Es kömmt aus der Residenz. Der Courier hat Befehl zu warten.

Gr. Tarnow. Uebergeb er es sogleich.

Strohm. (geht in eine Nebenthüre links)

Gr. Tarnow. Es sind unstreitig wichtige Befehle des Königs, die keinen Aufschub leiden! (sie öffnet die Bittschrift, und sagt unter dieser Zeit) Unglückliches Weib! — Um die Gelder und Papiere seiner Herrschaft zu retten, wird ihr Mann ein Opfer der Flamme. (sie liest heimlich, unterbricht sich, und endlich laut) „Verstoßen? — Wie? — „Man macht mir auf meine dringende Bitte, noch
„den

„den bittern und unverdienten Vorwurf, daß der
„unglückliche Brand, der meinen Mann verzehrte,
„aus seiner Nachläßigkeit entstanden sey. Gott sey
„es heimgestellt!— „Das ist hart! (sie liest weiter) „Fünf unmündige Waisen, und eine hülflose
„Wittwe flehen euere hochgräflichen Gnaden um Bey-
„stand und um ein gnädiges Vorwort bey unserer
„Herrschaft an, die heute bey Euer hochgräflichen
„Gnaden eintreffen wird.„ (nach einer Pause)
Meine Vorstellungen? — sie würden nur auf kurze Zeit
einen Eindruck machen. (nach einiger Ueberlegung)
Perchau — Gefühllos bey dem Unglücke Verwai-
ster — (mit Besorgniß) Wenn sein Sohn ihm
gleich dächte! — (sie bleibt denkend stehen.)

Fünfter Auftritt.

Gr. Tarnow. Simon und Anton, welche
fünf kleine und einen größern Geldsack bringen,
und auf einen Tisch setzen, hernach
Strohm aus dem Kabinette.

Gr. Tarnow. (zu Anton) Ihr werdet reisen.
Anton. Ich?
Gr. Tarnow. Ihr! haltet euch fertig. Strohm
wird euch meine Befehle bringen.
Anton. (neigt sich und geht ab)
Simon. (bleibt in der Tiefe des Theaters
stehen)
Gr. Tarnow. Der Unglückliche hat ein Recht
auf die Glücksgüter, die uns die Vorsicht in rei-
chern Maße schenkt.
Strohm. (tritt aus der Seitenthür)
Gr. Tarnow. (zeigt auf die Geldsäcke) Er
weiß ihre Bestimmung — doch ehe er was unternimmt, besorg er, daß die Kinder der unglücklichen

chen Wittwe hergebracht werden. Sie sollen die Wohnung des entlassenen Jägers beziehen. Ich will für sie sorgen. Anton soll sie abholen.

Strohm. Gut, Ihro hochgräflichen Gnaden. (zu Simon) Helft mir. (sie nehmen beyde das Geld und gehen ab)

Sechster Auftritt.

Gräfinn Tarnow. Graf Passenborn mit einer edlen und muntern Miene.

Passenborn (küßt ihr die Hand.)
Gr. Tarnow (welche seine Munterkeit bemerkt) So, Herr Sohn, das ist endlich einmal eine Miene, die sich zu ihren glücklichen Umständen schickt. Ich bin gar zu gern die Vertraute meiner Kinder. (Sie setzen sich beyde) Darf ich die Ursache ihres bisherigen Mißvergnügens nicht wissen?
Passenborn. Die Würde, welche ich bekleide, erzeugte meine Zerstreuung. Mein Herz ist zur Geselligkeit geschaffen; es verlohr bey meiner Erhebung die sanfte Ruhe, die es vorher genoß.
Gr. Tarnow. Wie so?
Passenborn. Ich bekenne es freymüthig, die Stuffe der Erhöhung, wozu ich gelangt bin, war der Gegenstand meiner Wünsche; nicht aus Ehrgeiz, sondern dem Staate zu dienen: aber beynahe wäre sie mir unerträglich geworden.
Gr. Tarnow. Unerträglich?
Passenborn. Ich fand keinen Freund mehr. Alle, die mich umgaben, verriethen Mißgunst — Man las Stolz und Verachtung in meinen Blicken — Sie thaten mir Unrecht! Sogar meine alten Freunde begegneten mir mit einer Gleichgültigkeit, die für mich

eine

eine Zeitlang grausamer war, als für sie der Neid, der sie verzehrte.

Gr. Tarnow. Das Verdienst, welches Neid gebiert, beschämt am Ende alle seine Neider — Sie haben nun ihre vermeynten Freunde kennen gelernt. Ihr Verlust kann ihnen gleichgültig seyn. Sie konnten ihn voraus sehen.

Passenborn. Ich sehe, daß die Freundschaft allein nicht allemal Freundschaft einflößt. Die Bande derselben sind sehr schwach geknüpft, der geringste Zufall löst sie auf. Die Ueberzeugung, Niemanden beleidigt zu haben, und die vorzügliche Gnade des Königs, halten mich für den Verlust meiner Scheinfreunde schadlos (Er zieht einen Brief aus der Tasche, und zwingt sich zur Munterkeit) Mit den gnädigsten Ausdrücken trägt er mir eine zwar gefährliche, doch für mich reizende Pflicht auf. Lesen sie! (Er giebt ihr einen Brief.) Ich erhalte nun Gelegenheit, diejenigen zu beschämen, die mich bisher vielleicht keiner wichtigern Dienste fähig hielten —

Gr. Tarnow (welche das Schreiben gelesen, steht auf, und giebt es unter dieser Rede zurück.) Sie sollen Aufrührer-Leute, die sich wider weise Gesetze empören, bändigen? — Ich sehe die Gefahr. Es sind Rebellen, an den äußersten Gränzen des Reichs: und das betrübte Schicksal ihres Vorgängers — —

Passenborn. Der gute Dorbach fiel nicht durch ihre Hände. Er nahm auf seiner Reise den Weg durch ein fremdes Gebiete, wo er unter irregulaire Trouppen der im Kriege verwickelten Mächte fiel. Er wurde geplündert, und ein unglücklicher Schuß beförderte seinen Tod.

Gr. Tarnow (nach einer Pause) Wann sollen sie abreisen?

Passen=

Passenborn. Nach den beygebogenen Befehlen, noch heute.

Gr. Tarnow. Ich hätte freylich ihre Gegenwart bey der Verlobung meiner Charlotte gewünscht, doch — die kann bis zu ihrer Wiederkunft verschoben werden. Eine Familienangelegenheit soll sie nicht zurück halten. Der Monarch befiehlt. — Seinem Befehl muß ein rechtschaffner Bürger alle andere Betrachtungen nachsetzen. — Ihr Blut gehört dem Staate, wenn er es fordert. Erheben sie sich durch ihre Bereitwilligkeit über die, welche nicht Muth genug haben, ihr Leben für ihr Vaterland zu wagen.

Passenborn. Vortreffliche Mutter! wie erhaben, wie standhaft ist ihre Seele!

Gr. Tarnow. Sollte ich murren? — Nichts geschieht ohne den Rathschluß des Ewigen — Ein zuversichtliches Vertrauen auf die Vorsicht, ist ein heilsamer Trost. — In meinem größten Ungemache hat mich stets Religion gestärket. Reisen sie, mein Sohn! — Meine Tochter, meine Enkel sollen bey mir bleiben, ich will die Freude mit genießen, die sie dann bey ihrer Zurückkunft empfinden werden.

Passenborn. Ich kenne meine Pflicht. Nie würde ich sie unterlassen. Doch — meine Gemahlinn — (Er steht in Gedanken.)

Gr. Tarnow. Ich verstehe sie — Ihrer zärtlichen Liebe wird es schwer fallen, ihr die Befehle des Königs zu eröffnen. Gut! — Ich nehme diese schmerzliche Verrichtung über mich.

Passenborn (mit Besorgniß.) Von einer angebeteten Gattinn, von den liebenswürdigsten Kindern getrennt — —

Gr. Tarnow. Wir müssen uns der Schickung ergeben. (Mit edler Zuversicht) Mein Schwiegersohn muß die Achtung, die Bewunderung der ganzen Welt verdienen. (Nach und nach gerührt und weinend) Und gesetzt; der Himmel verhüte es;

es; sie wären unglücklich in ihrem Auftrage, sie würden das Opfer der rasenden Wuth eines zügellosen Pöbels — (Sie erholt sich schnell, und sagt mit Würde) Passenborn, ich würde ihren Tod lieber sehn, als sie auf der Bahn der Pflicht zurück halten, auf welcher sie Ruhm eindrnoten können.

Passenborn. Wie weit übersteigt ihr Geist meinen Muth! — Nun — ich bin entschlossen —

Siebenter Auftritt.

Vorige. Gräfinn Passenborn, welche sehr munter durch die Mittelthür eintritt.

Gr. Passenborn. O mein liebster Gemahl, welche Freude hat deine glückliche Frau wiederum genossen. Die angenehmen Kinder! — Ihre junge Seelen entwickeln sich täglich mehr. (Zu beyden wechselweise) Hätten sie gesehen, gnädige Mama, was sich meine Sophie für eine Miene giebt; wie ihr Verstand schon nachforscht! — Sie stellte Betrachtungen über die Blumen im Garten an, und drückte sich so artig aus —— Auch der kleine Karl! — Alle Züge, der Geist seines Vaters ruht auf seinem Gesichte. (Mit zärtlicher Empfindung, indem sie ihren Gemahl bey der Hand nimmt) Passenborn, wie glücklich hast du mich gemacht.

Gr. Tarnow (mit einem sanften verweisenden Tone, indem sie sich setzt.) Warum führtest du sie nicht zu mir?

Gr. Passenborn. Sie werden bald hier seyn.

Gr. Tarnow (freundlich.) Welch Vergnügen empfinde ich bey dem Anblick meiner Enkel. (Seufzend) Möchte doch deine Schwester eben so glückliche Tage in der Ehe zählen, als du!

Gr. Pas-

Gr. paſſenborn. Ich wünſch es. Aber — (indem ſie ſchnell und mit vieler Zärtlichkeit ſich in die Arme ihres Gemahls ſchlingt) Es iſt nur ein Paſſenborn unter den Männern!

Paſſenborn (wendet ſich weg, und zeigt Unruhe.)

Gr. paſſenborn. Nun? was fehlt dir?

Paſſenborn (der ſich in ſeiner Verlegenheit faßt.) Ich dachte an deine Schweſter. Sie verdient alles Glück! Sie wird ihren Gemahl zu den glücklichſten Gatten machen. Eine Gräfinn Tarnow iſt ihre Mutter — Allein ihre Vermählung mit dem jüngern Perchau — —

Gr. Tarnow. Fahren ſie fort.

Paſſenborn. Charlotte bezeigt nicht das zärtliche Verlangen, nicht die Ungeduld, die einer glücklichen Ehe vorhergehen; die das Auge meiner Gemahlinn ſo ſchmachtend, ihre Wangen ſo reizend machten.

Gr. paſſenborn (zärtlich) Konnte die ſüße Hoffnung, einen ſo rechtſchaffnen Mann zu erhalten, wohl andere Wirkungen erzeugen?

Gr. Tarnow. Wir wollen das beßte hoffen. — Sie wiſſen die Abrede meines ſeligen Gemahls mit dem alten Perchau. Als Nachbarn beſchloßen ſie die Verbindung ihrer Häuſer, damit die Güter dereinſt vereinigt würden. Ich wünſchte den Willen meines Mannes auch noch nach ſeinem Tode zu erfüllen. Doch wäre ſein Sohn nicht der Mann, wie man mir ihn geſchildert hat, vereinigt er nicht die männlichen Tugenden mit einem zärtlichen Herzen, ſo werde ich meiner Tochter keinen Zwang anthun.

Paſſenborn (mit einer Miene, die Mißtrauen einflößen will.) Sie haben ihn alſo noch nicht geſehen?

Gr. Tarnow. Nur in ſeiner Kindheit. Ein Oheim nahm ihn nach dem Tode ſeiner Mutter zu ſich und erzog

erzog ihn. Das Gerücht spricht gut von ihm, das ist schon sehr viel.

Paſſenborn. Das Gerücht trügt oft. Gleiche Denkungsart, gleiche Sitten mit ſeinem Bruder, der ſich mit Dorbachen ſchlug! — mit einem liebenswürdigen Jüngling: ſeinem Gegner gänzlich unähnlich, voll von Rechtſchaffenheit; ein Menſchenfreund, der durch dieſen Zufall ſeinem Untergange nahe iſt, und ohne ſeine Schuld — Wird er nicht gerechtfertigt, ſo verliert der Staat einen jungen Mann von der größten Hoffnung.

Gr. Tarnow. So ſind die Tage des Menſchen! Ein unglücklicher Augenblick zernichtet die ſchönſten Ausſichten eines ganzen Lebens! — Ich werde nichts übereilen, (Mit einem bedeutenden Tone) nichts ohne ſie unternehmen. Charlotte mag ihn indeſſen kennen lernen.

Achter Auftritt.

Vorige. Strohm.

Strohm. Wann geruhen Ihro Excellenz — —

Gr. Tarnow (ſie fällt Strohmen geſchwind in die Rede.) Ich erinnere mich. Sie haben Geſchäfte. Komm, meine Tochter, ich muß deine Jugend ſehen.

Gr. Paſſenborn. Sind die Geſchäfte ſo dringend?

Paſſenborn (unruhig.) Sie werden gleich geendigt ſeyn.

Gr. Paſſenborn (die ſeine Unruhe nicht bemerkt hat, weil ſie ſchon im Weggehen begriffen war.) Ich komme bald — Doch nein, ich komme mit meinen Kindern zu dir. (Sie geht mit der Gräfinn Tarnow ſehr munter ab.)

Neunter Auftritt.

Graf Paſſenborn. Strohm an der Seite, als wartete er auf Befehle.

Paſſenborn (für ſich.) Nun wird ſie es hören! — Der Schmerz wird die ſanfte Freude verdringen, die in ihren Zügen herrſcht! — Ihr empfindſames zartes Herz — es wird brechen! — Und ich muß reiſen. — Die Ehre ruft! — Die Liebe feſſelt mich. O Kampf, der meine Seele zerrüttet! — In welcher Verwirrung verlaſſe ich dieſes Haus! — Charlotte! — Dorbach! — Gemahlinn! — Kinder! (Er bleibt einen Augenblick in einem tiefen Nachdenken, erholt ſich plötzlich, trocknet ſich die Stirne ab, und geht auf Strohmen zu) Strohm, was will er?

Strohm. Ich kam, wegen der Abreiſe, Eurer Excellenz Befehle zu vernehmen.

Paſſenborn. Meine Leute ſind ſchon unterrichtet — Er hat doch in der andern Sache alle mögliche Vorſicht gebraucht?

Strohm. Ich glaube nicht, daß jemand im Hauſe den geringſten Verdacht ſchöpft. Simon zittert. Er weiß auch nichts anders, weil ich ſo behutſam war ihn zu entfernen, als daß ſich Graf Dorbach hinter den Garten zu Pferde geſetzt, und davon geritten iſt.

Paſſenborn (ſeitwärts.) Hätte ich meine Abreiſe vermuthen können, ich würde ihn haben fliehen laſſen. Das Verlangen ihm zu dienen, zu beruhigen, von meiner Freundſchaft zu überzeugen, bewog mich, ihn zurück zu halten. — Was für Folgen? — Es war Uebereilung, ich bekenne es! — Unvorſichtigkeit! — Welche Maaßregeln ſoll ich nehmen? — Von allen Seiten mit Sorgen umgeben! — (Er bleibt

bleibt einen Augenblick in Gedanken, faßt sich schnell) Strohm, bring er mir die Papiere, die auf meinem Schreibtische liegen. —

Strohm (geht durch die Nebenthür ab.)

Passenborn. Die Freundschaft muß der Pflicht weichen. (Er setzt sich) Nichts muß einem rechtschaffnen Manne heiliger seyn. (Er denkt nach) Der Fall ist selten! — (Er steht unruhig auf) Aber kann ich mich eines einzigen Gedankens bemächtigen? — Es ist mir unmöglich. Noch wenige Stunden — dann reißt mich der Befehl des Königs von diesem reizenden Aufenthalte!

Zehnter Auftritt.

Passenborn. Dorbach, welcher ungeduldig aus der Seitenthür kömmt, wo Strohm hineingegangen.

Dorbach. Strohm sagt mir, daß sie allein sind. — Meine Ungeduld sie wieder zu sehen —

Passenborn (mit Besorgniß.) Dorbach! mehr Vorsicht! — Wie leicht können wir überfallen werden!

Dorbach. Sie versprachen mir Trost zu bringen, ich kann ihn nicht erwarten.

Passenborn (sieht sich unruhig um, und schweigt.)

Dorbach. Sie schweigen? (zitternd) Soll ich sie verlieren? — Ich soll Charlotten nicht besitzen? (verzweifelnd) So sey dieß der letzte Augenblick meines Lebens! — (Er schlägt beyde Hände vor die Stirn)

Passenborn. Welche Hitze! Beruhigen sie sich! Ihre Vernunft erlaubt ihrer Liebe zu viel Gewalt!

(gesetzt)

(gesetzt) Sie können bey ihren Widerwärtigkeiten Thränen vergießen — Aber verzagen, aber verzweifeln? — Nein! das ist nur der Zustand einer Seele, welche in sich, in dem eigenen Bewußtseyn ihrer Tugend, keine Quelle des Trostes mehr findet.

Dorbach (bitter, indem er verwirrt herum geht.) Ich habe keinen Freund mehr — Man will sie mir entreißen —. (Er geht auf Passenborn, der ihn mitleidig ansieht, zu.) Sie hintergehen mich nicht — Ich sehe alles. (Schnell) Ihre Sorge für meine Sicherheit täuscht mich nicht. (Bitter) Ich bin gefangen! — Ein Gefangner, dem man die Mittel sich zu rächen entreißen will. — Sie sollen erfüllt werden, ihre Wünsche! — Ehe mich dieser schreckliche Verlust tödten soll, werde ich selbst die Richter wieder mich erbittern, mein Leben, das mir zur Last ist, den Gesetzen darbieten. (Er will abgehen)

Passenborn (der ihn zurückhält.) Was wollen sie thun, Dorbach, wohin bringt sie ihre Leidenschaft?

Dorbach. Lassen sie mich. (der sich loswinden will)

Passenborn. Nein; sie eilen ihrem Verderben zu. Rufen sie ihre Vernunft zurück. — Hoffen sie alles Gute.

Dorbach. Ich, hoffen?

Passenborn. Passenborn könnte sie hintergehen? — Ihre Hitze machte mich stumm. — Hören sie mich! — Meine Reise setzt Charlottens Versprechen weit hinaus. Ich habe die Gelegenheit ergriffen unsrer Mutter eine günstige Meynung von ihnen einzuflößen. Sie hatte Mitleiden mit ihnen; Eine gute Vorbedeutung. Die heiligste Versicherung, die ich ihnen hiemit gebe, für ihre Zufriedenheit zu sorgen —

Eilf-

ein Originaldrama.

Eilfter Auftritt.

Vorige. Simon eilends durch die Mittelthür, Strohm tritt zu gleicher Zeit mit den Briefschaften aus dem Kabinete, und erschrickt, da er Simon sieht. Alle sind erschrocken.

Simon. Ihro Excellenz möchten geschwinde kommen — (Er erblickt Dorbachen. Zitternd) Was? Ihro hochgräflichen Gnaden sind noch da? (Er macht Strohmen durch Mienen Vorwürfe)

Strohm (seitwärts.) Zur ungelegensten Zeit.

Passenborn (führt Dorbachen geschwind ins Kabinet.) Seyn sie ruhig, bald bin ich bey ihnen.

Dorbach (im Gehn) Vergeben sie meiner Hitze. (unter der Thür) Gott! warum muß ich —

Passenborn (macht schnell die Thür zu, und versichert ihn durch Mienen seines Beystandes, bleibt denkend stehen.)

Simon (ängstlich.) Nun, Herr Strohm, sie wollen mein Unglück, itzt seh ich es. Weggeritten wäre Graf Dorbach? Ist das wohl ehrlich gegen einem ehrlichen Menschen gehandelt?

Passenborn. Uebel, wenn man sich Bedienten vertrauen muß! — Strohm! (Er redet heimlich mit ihm, und nimmt ihm die Papiere ab)

Simon. Mein armer Vater, meine Schwester, durch meine verzweifelte Gutherzigkeit stürze ich sie ins Verderben! — Ihro Excellenz sind sonst so gnädig — Ich weiß; ich habe gefehlt, aber mein Gott! — Unser einer ist nicht so studirt — Ihro Excellenz haben kein Mitleiden? — So bin ich verloren! (Schnell) Ich werde mich zu den Füßen unserer gnädigsten Gräfinn werfen, ihr alles haarklein sagen,

sagen, und nicht eher aufstehen, bis sie mir vergeben hat. — Sie ist gütig, sie ist gnädig. (Er will gehn.)

Strohm (der ihn zurückhält.) Bleibt.

Passenborn. Macht nicht noch einen einfältigen Streich! — Was trieb euch hieher?

Simon (noch immer furchtsam.) Die Frau Gemahlinn befinden sich nicht wohl. Sie sind bey der gnädigen Mama, Ihro Excellenz möchten geruhen —

Passenborn (seitwärts mit Empfindung) Ich sah es vorher! (Er läuft eilends ab, und sagt im Gehn zu Simon) Ich empfehle euch die Verschwiegenheit.

Simon. Ach! ich bin stumm! Aber, — Herr Strohm, Herr Strohm! — —

Strohm. Seyd ohne Sorgen. Ihro Excellenz nehmen alles auf sich. Geht, und schweigt! (geht ins Kabinet)

Simon. Ich sage kein Wort. (für sich im Gehn) Er sitzt auf — ich sah es! — reitet weg! — Nein, das begreif ich nicht.

Drit=

Dritter Aufzug.

Das Zimmer des Grafen Paſſenborn, mit Mittelthüren. Den Schauſpielern zur Linken ſteht ein Flügel. Rechter Hand ein Tiſch, worauf Piſtolen liegen. Linker Hand ein Tiſch mit einem Schreibzeuge. In der Tiefe ſtehen drey Koffers, zwey davon ſind ſchon gepackt.

Erſter Auftritt.

Philipp. Simon.

Philipp.
(legt die Schlöſſer vor die beyden Koffers)

Nur geſchwind, Kamrad, hurtig.

Simon (welcher in den dritten Koffer noch einige auf den Stühlen liegende Kleider einpackt.) Nu, nu, wir ſind ja ſchon fertig. — Ich ſehe nichts mehr — Aber hier wäre noch Platz. Hat er nichts mehr?

Philipp. Tragen wir indeſſen die beyden hinunter. Der kann ſtehen bleiben. Kleinigkeiten werden ſich immer noch finden. (er ſieht ſich um, als ſucht er noch etwas).

Simon. Das hätte ich mir auch nicht träumen laſſen, daß ihr ſo plötzlich abreiſen würdet.

Philipp. Ja, wenn man von Hoſe dependirt, ſo gehts nicht anders. Heute hier, morgen dort.

Simon. Ich wünſchte! ich könnte mit euch gehen. — Man ſieht allerhand Sachen, und —

Zweyter Auftritt.

Strohm und Vorige.

Strohm. Philipp, sein Graf frägt nach ihn.
philipp. Den Augenblick. (zu Simon) Will er mir wohl helfen? (er nimmt einen Koffer.)
Simon. Von Grund der Seelen gern — Sieht er mit Höflichkeit bringt mich einer ins Feuer (sie nehmen einen Koffer und tragen ihn fort, unter der Thür begegnet ihnen —

Dritter Auftritt.

Rosette, Vorige.

Rosette. (zu philipp.) Wenn geht die Reise fort?
philipp. (im Abgehen) Gegen Abend, so viel ich weiß.
Strohm. Nicht wahr, Jungfer Rosette, seit gestern hat sich viel geändert.
Rosette. Ach, Herr Strohm, ich fürchte noch — Eben sprach ich mit der Verwalters Wittwe. Sie sagt, Graf Perchau wäre gestern mit seinem Sohne nach Hofe gegangen —
Strohm. Vermuthlich will er dem Könige den jungen Grafen, den er nach seinen Reisen noch nicht gesehen, vorstellen, vielleicht auch die Vermählung mit unsrer Gräfinn vortragen.
Rosette. Wie sehr wäre meine Gebieterinn zu beklagen. — Die Verwalterinn ist ein gutes rechtschaffenes Weib. Ihre Abschilderung von den alten Grafen!—
Strohm. Ich vermuthe schon, was sie sagen will.
Rosette Stolz, fühllos, hart, eigennützig. —
Strohm. So kennt ihn jeder. Ein Mann der die ganze Welt zu Grunde gehen ließe, ehe er —

Rosette Und sein Sohn aufgeblasen; voller Eigenliebe. — Er hätte überhaupt eine sehr flüchtige und leichtsinnige Gemüthsart von seinen Reisen mitgebracht.

Strohm. Das glaube ich gern. Die Reisen unsrer jungen Herren — Selten werden sie bey fremden Nationen besser. Sie mißbrauchen ihre Freyheit, lassen sich von ihren Leidenschaften und Begierden hinreissen, und bringen gemeiniglich das lächerliche in ihr Vaterland zurück, daß man vorher nicht kannte.

Rosette. (seufzend) Wäre nur der Sturm schon vorüber! — doch, Herr Strohm, ich habe sie eigentlich gesucht, sie um eine Gefälligkeit zu bitten.

Strohm. Nun?

Rosette. Nehmen sie sich der armen Verwalterinn an, das Elend dieser Wittwe ist aufs höchste gestiegen.

Strohm. Sie hält mich für einen harten und grausamen Mann, Jungfer Rosette, das thut mir wehe. Sie sollte doch eines bessern überzeugt seyn. Ich lasse mich nicht gern erinnern, meine Pflichten zu erfüllen. Meine Kammeraden mögen ihre Herrschaften bestehlen, den Handwerkern und Diensboten ihren Verdienst und Lohn abdrücken, die bestimmten Wohlthaten verschlingen, ich kann das nicht. Das ist Blutgeld, damit will ich meine Hände nicht besudeln. Der Fluch der Armuth ruht darauf. — Sie wird versorgt werden, ich habe die Anstalten schon getroffen.

Vierter Auftritt.

Simon, Philipp, Vorige. Hernach Passenborn und Gräfinn Charlotte.

Philipp. (geht zum Schreibtische, legt Papiere, welche er mitbringt, darauf. Wirft einige alte Couverte vom Tische auf die Erde. Seine Excellenz wollen vor ihrer Abreise noch schreiben.

Strohm.

Strohm. (zu Rosetten) Der Courier wird abgefertigt werden, wir wollen Platz machen. (er will mit Rosetten gehn).

Philipp (trägt mit Simon den andern Koffer fort)

Passenborn (tritt mit Gräfinn Charlotten ein, so bald die Bedienten ab sind, sagt er). Strohm sorg er, daß wir nicht überfallen werden.

Strohm. (macht eine Vorbeugung, und geht mit Rosetten ab.

Fünfter Austritt.

Passenborn, Gräfinn Charlotte.

Passenborn. Der Trost unsrer vortreflichen Mutter wird meine Frau beruhigen. Ich hoffe es — Mein Herz blutet! aber sie muß sich trösten lassen. (Er troknet sich das Gesicht ab) Noch sind mir einige Augenblicke übrig. Sie sollen ihnen gewidmet seyn. Ich hasse die Verbindungen, welche ohne das Herz um Rath zu fragen, geknüpft werden. — Allein, warum verbargen sie mir das Ihrige? Hätten sie mir ihre Liebe entdeckt, es würde niemals mit dem jungen Perchau so weit gekommen seyn.

Gr. Charlotte. Ich war oft entschlossen ihnen das Geheimniß meines Herzens zu vertrauen! Nicht Kaltsinn; nicht Mißtrauen, unüberwindliche Schüchternheit hielt mich zurück. Und dann — die längst getroffne Wahl meines Vaters, das Zureden der besten Mutter — Dies fesselte meine Zunge.

Passenborn. (in einem verweisenden Tone) Sie kannten aber das Herz ihres Bruders — Nun — Vorwürfe sollen sie nicht kränken. — Ich reise — Meine Entfernung hemmt den entscheidenden Schritt, den
sie

sie vielleicht heute wider ihre Neigung gethan hätten. — Ich kenne Dorbachs Rechtschaffenheit — doch lassen sie sich nicht allein von seiner Neigung hinreissen. Ueberdenken sie die ganze Geschichte ihrer Liebe, von ihren Anfang an. Uebergehen sie keine einzige Kleinigkeit. Nichts ist Kleinigkeit für uns, wenn wir wohl urtheilen wollen. Und wenn ich dann zurückkomme, wenn ihre Vernunft ihre Liebe rechtfertigt — Rechnen sie darauf — Ich werde ihre Wünsche unterstützen. — Meine Meinung über einige Schriften, die ich dem König noch vor meinem Aufbruche mittheilen muß, lassen mir nur wenig Zeit übrig, Dorbachen meinen Entschluß zu eröffnen. (er geht auf eine Seitenthür zu) Ich hoffe, er wird ihn billigen (er ruft, indem er die Thür öffnet) Kommen sie, Dorbach! —

Sechster Auftritt.

Dorbach, Vorige.

Passenborn. Hören sie meinen Entwurf. Ich bin zu sehr ihr Freund, als daß ich nicht —

Dorbach. (der Charlotten gewahr wird, läuft auf sie zu) Ach Charlotte! (er umarmt Passenborn) Freund! theuerster Freund! welches Glück gewähren sie mir! (zu Charlotten) Nun wächst meine Hoffnung! Er wird uns leiten. Durch seinen redlichen Beystand wird die Quelle der Bekümmerniß des Schmerzens verschwinden. Von ihrer Standhaftigkeit hängt nun einzig und allein meine Zufriedenheit ab.

Gr. Charlotte. Dorbach! sie kennen mein Herz! — Zitternd für ihr Wohl, für ihre Ruhe, wünsch ich die Annäherung des Tages, der ihren Kummer verdringt. — (zärtlich seufzend) Welche Beweise fordern sie mehr?

mehr? (sie läßt ihre Hand auf seine sinken und wendet ihr Gesicht mit edler Schamhaftigkeit von ihm).

Dorbach. (küßt ihr mit feurigster Empfindung die Hand) Hieher diesen Blick. — Hieher, Charlotte! — Sie erröthen? (scherzhaft vorwerfend) Die Sprache des Herzens erniedriget nicht!

Passenborn. (welcher beyde seitwärts mit zärtlicher Aufmerksamkeit betrachtet hat) Genug! — Ich freue mich ihrer Zärtlichkeit. — Allein hören sie mich. — Ihre Begnadigung Dorbach, ist noch nicht ausgewirkt — Ergreifen sie eine Gelegenheit, die sie beschleunigen kann. — Reisen sie mit mir. — Erwerben sie sich Verdienste um den Staat. — Kann ich bey meiner Zurückkunft dem Könige ihren Eifer anrühmen, so ist ihre Gnade gewiß.

Dorbach. Gewiß? Meine Feinde! —

Passenborn (indem er auf sich zeigt) Sie haben auch Freunde.

Dorbach. (traurig) Wenig! (sehr munter) Wenn Passenborn nicht wäre —

Passenborn. Ihr Muth, ihr Eifer wird ihnen mehrere erwerben. — Die Verdienste ihres Vaters, ihres Oheims —

Dorbach. Das waren die Ihrigen, dafür ist mir der Staat nichts schuldig. Noch habe ich keine. (zu Charlotten) Und kann ich sie verlassen?

Gr. Charlotte. Ohne Sorge. Sie müssen! — Der Himmel wird ihnen Glück geben. (sie wirft einen Blick auf Passenborn) Sie reisen in Gesellschaft der Tugend und Weisheit?

Sie-

Siebenter Auftritt.

Strohm. Vorige.

Strohm (mit Angst.) Ich glaube, wir sind nicht allzu sicher, Ihro Excellenz. — Ich habe etwas gehört! (er geht gleich wieder ab, ohne auf Antwort zu warten).

Passenborn. Entfernen sie sich, ich werde Sorge tragen, daß sie diesen Abend mit mir unerkannt von hier aufbrechen können.

Dorbach. Unerkannt? — (Mit Bitterkeit) Ach, warum muß ich das Licht fliehen!

Gr. Charlotte. Eilen sie, Dorbach! (Mit Angst, als besorgte sie überfallen zu werden) Eifrige Wünsche werden sie begleiten.

Dorbach. Soll ich sie nicht mehr sehen?

Passenborn (der ihn zum Kabinet führt.) Wenn es die Umstände erlauben.

Dorbach (reißt sich noch einmal los, küßt Charlotten die Hand.) Von ihnen getrennt? — Ach Charlotte!

Passenborn (nimmt ihn wieder, und führt ihn ins Kabinet.) Erfüllen sie unsre Bitte.

Dorbach (indem er sie einen Augenblick ansieht, mit Bitterkeit unter der Thür.) Unseliger Tag, der mich in die Nothwendigkeit setzte, mich zu vertheidigen! (geht ab)

Gr. Charlotte (seufzet, und schlägt die Augen traurig zur Erde.)

Passenborn (zu Charlotten.) Er verdient Mitleiden! die Trennung ist schwer! allein die Klugheit fordert sie — Heitern sie ihre Seele auf! diese kurze Entfernung muß sie nicht niederschlagen.

Achter Auftritt.

Vorige. Strohm.

Strohm. (sieht sich im Zimmer nach Dorbach um.) Gut, gut, daß er in Sicherheit ist — (Zu Paſſenborn) Ich habe mich nicht betrogen, ſie kommen. (geht ab)

Paſſenborn (mit Bewegung.) Ein neuer Sturm! — —

Gr. Charlotte. Mein Herz ist zu beklemmt. — Sie macht einige Schritte zur Seitenthür rechter Hand, dreht ſich aber wieder ſchnell zu Paſſenborn.) Wenn ſie mich verlaſſen — (weinend)

Paſſenborn (der ſie abführt, zuſagend.) Ich ſorge für ihre Zufriedenheit — Zweifeln ſie nicht — Ich werde alles anwenden, ihre Hoffnungen zu erfüllen.

Neunter Auftritt.

Paſſenborn allein.

Paſſenborn (bleibt einen Augenblick denkend ſtehen) Welche Verlegenheit! — (Er geht herum, ſieht nach dem Schreibtiſche.) Meine Geſchäfte? — Ich bin unfähig, zu denken! — (Er ſetzt ſich, lieſt in den Papieren, und nimmt die Feder, als wollte er ſchreiben, wirft nach einiger Zeit die Feder weg) Umſonſt! (Er unterſtützt ſein Haupt, und geräth in ein tiefes Nachdenken.)

Zehn-

Zehnter Auftritt.

Gräfinn Paſſenborn. Graf Paſſenborn.

Gr. Paſſenborn. (tritt ohne Geräuſch niedergeſchlagen, da ſie ſich zugleich die Thränen abtrocknet, ein. Sie erblickt ihren Gemahl. Sieht ihn, ohne daß er es bemerkt, mit vieler Bewegung an. Seufzet. Tritt endlich mit entſchloßner Miene näher zu ihm, und legt ihre Hand ſanft auf ſeine Schulter.)

Paſſenborn (der aus ſeiner Betäubung gleichſam erwacht, ſpringt auf, und nimmt ſie bey der Hand) Ach meine Geliebte!

Gr. Paſſenborn (heiter.) Bin ich das? — (gerührt) Nein, ich bin es nicht! — würdeſt du mich verlaſſen, wenn ich das wäre? — (weinend) Sieh mich an, in welchen grauſamen Zuſtand mich deine Abreiſe ſetzt. (dringend.) O, mein Paſſenborn! hat je eine Gattinn etwas über das Herz ihres Gemahls vermocht — ſo verlaß mich nicht. (Noch dringender) Ich beſchwöre dich bey deiner Liebe, bey deiner Zärtlichkeit — bey deinen Kindern, verlaß mich nicht — (Sie legt ihr Haupt auf ſeine Hand.)

Paſſenborn. Beſte! theureſte Frau! — Es iſt der Befehl des Königs — es iſt meine Pflicht, meine Ehre, es iſt das Wohl des Vaterlandes, das mich ruft! — Soll ſich dein Mann entehren? — Du müßteſt ihn verachten.

Gr. Paſſenborn. Schwache Gründe; ſie werden mich nie überzeugen. — Biſt du der einzige Mann im Staate, der für den Riß ſtehen, der dem Tode

zur

zur Beute werden, seine Kinder (weinend) vater-
los lassen, und mich nach sich ins Grab ziehen soll?
— Wer kann dieß fordern? welcher Barbar!

Paſſenborn. Sophie, du vergißt, daß wir dem
großen Monarchen alles verdanken, der mich vor allen andern bey einer Unternehmung erwählet —.

Gr. Paſſenborn. Die dein Untergang iſt — (mit
Wehmuth) Du biſt entſchloſſen? Du biſt feſt entſchloſſen? (indem ſie ſich wegwendet) Gott! da
ſiehſt es! meine Thränen, mein Flehen rührt ihn
nicht — Mein Gemahl reißt ſich aus den Schooße
ſeiner Familie, und ſtreckt ſeinen Hals Miſſethätern
dar, die ihn erwürgen — (troſtlos, indem ſie auf
einen Seſſel ſinkt) O meine armen Kinder! meine
armen Kinder!

Paſſenborn (weinend.) Sophie! du ver-
wundeſt mein Herz. — Kann ich es ändern?
Kann ich?

Gr. Paſſenborn. Ja, du kannſt, du kannſt es!

Paſſenborn (wendet ſich weg, und drückt
durch Mienen die Unmöglichkeit aus.)

Gr. Paſſenborn (fährt in dem Augenblick fort,
indem ſie aufſpringt.) Du willſt nicht? — Ich
will mich ſelbſt dem Könige zu Füßen werfen. Meine
Kinder ſollen ſeine Knie umſchlingen. Er wird mir
meinen Gemahl geben, er wird dieß Opfer nicht fordern — Nein, das wird er nicht. (Sie will fort-
eilen)

Paſſenborn (hält ſie zurück.) Was thuſt du? —
Die ganze Welt würde meiner mit Grunde ſpotten —
meine Ehre würde Gefahr laufen, meine Feinde
würden frohlocken —

Gr. Paſſenborn (die ihn umarmt, ſchnell mit
Zärtlichkeit,) Und ich werde dich lieben — Bleib —
Wahre Ehre beruht nicht auf dem Ausſpruche deiner
Feinde. — Leute von Grundſätzen werden dich
rechtfertigen — Im Herzen deiner Familie wirſt du
ge-

gegen allen Hohn, gegen alle Verachtung gesichert seyn. — Da schlage deinen Wohnsitz auf, da sey Gebieter. (Mit zärtlicher Unterwerfung) Kein Regent soll je getreuere, zärtlichere, gehorsamere Unterthanen gehabt haben, als mein Passenborn — Der Stolz, die Freude meines Herzens. Mein Passenborn! (Sie drückt ihn an ihre Brust)

Passenborn (man bemerkt den Kampf seiner Seele.) Ich kann nicht — ich kann nicht — ich muß reisen.

Gr. Passenborn (nachgebend.) Du mußt reisen? Wohl, so reise! — Aber ohne deine Frau, ohne deine Kinder sollst du nicht reisen. (Mit Größe) An deiner Seite wollen wir den Tod finden. (Gerührt) Wenn Passenborn stirbt, ist die ganze Welt für seine Sophie, für seine Kinder, ein Nichts. — Grausamer Mann, willst du uns den Tod in deiner Gesellschaft nicht gönnen? — Du mußt! — Ich weiche nicht, du mußt! (Sie schlingt sich mit ihren Armen an seinen Körper.)

Passenborn (ungeduldig.) Sophie, stürze mich nicht in Verzweiflung. Welche Mittel gebrauchst du? — Giebst du den Vorstellungen deiner erhabenen Mutter kein Gehör? — Du solltest mein Herz nicht so grausam bestürmen! — Meine Reise ist unvermeidlich — Ich — kann kein Wort mehr hinzusetzen.

Gr. Passenborn (mit zärtlicher Wuth.) Das vermag ich also über das Herz meines Gemahls, daß er mich der Verzweiflung Preis giebt? (Bitter weinend) Du, du hast mich nie geliebt — Deine Zärtlichkeit war Heucheley, (übereilend) Verstellung. (hitzig) Ja, ja! — (geschwind) Du würdest mir Gehör geben — Du bist ein Feind deiner Gattinn — deiner Kinder. (der zärtliche Zorn erstickt gleichsam in dieser Rede ihre Worte.) Nur der

der Ehre, nur dem Ehrgeize willst du dich aufopfern — Kein Gefühl — —.

paſſenborn (unterbricht ſie.) Wo geräthſt du hin? — (er wendet ſich weg) Gott! (er bleibt betäubt ſtehen.)

Gr. paſſenborn. Mein Flehen iſt umſonſt? (Seitwärts, indem ſie abgeht, mit gegen Himmel gerungenen Händen, und vieler Empfindung) Gott! — laß die kleinen Unſchuldigen ſeine Seele rühren. (ſchnell ab)

Eilfter Auftritt.

Paſſenborn allein.

Paſſenborn. (der bey ihrem Fortgehen plötzlich aus ſeinem Nachdenken erwacht, ruft ihr nach) Sophie! — verzieh! — Da eilet ſie hin, die gekränkte Frau! (nach einer Pauſe). Nie habe ich die zärtlichen Beſorgniſſe, wozu die Liebe unſer Herz erweicht, ſo ſehr empfunden! — O Geſchlecht! wer darf dich ſchwach nennen! — Ihre Vorſtellungen — ich fühle ihr ganzes Gewicht! (er denkt nach, und ſagt entſchloſſen) Doch — (er ſetzt ſich) Mein Entſchluß iſt gefaßt! Nie werde ich mich einer verzärtelten Weichlichkeit, einer ſchimpflichen Furcht vor dem Tode, beſchuldigen laſſen. (er ſchreibt.)

Zwölfter Auftritt.

Paſſenborn. Sophie und Karl.

Sophie (führt ihren Bruder an der Hand, ſie bleibt ſeitwärts ſtehen, und ſieht, nachdem sie Karln einen Wink gegeben, ihren Vater eine Zeit lang an. Nach einer Pause sagt sie, weil sich Karl von ihr losmachen will.) Stille Karl.

Karl. Siehst du, Sophie, der Papa reiset nicht er schreibt ja!

Paßenborn (wird sie gewahr.) Das sind die letzten Waffen, derer sie sich bedienet — die stärksten. — Die gefährlichsten. — (Mit angenommener ruhigen Zärtlichkeit) Kommt, meine Kinder. (Sie eilen zu ihm, und küssen seine Hände.) Wo ist eure Mutter?

Sophie. Sie ist zur Großmama gegangen. Sie hat uns hergeschickt.

Karl. Ja Papa, sie hat uns hergeschickt.

Sophie. Sie weint, recht sehr weint sie. Sie sagte, wir sollten sie bitten, sie wollten weit, weit von hier reisen. — Thun sie das nicht, lieber Papa, bleiben sie bey uns. (sie nimmt ihn schmeichelnd bey der Hand)

Paßenborn (mit Empfindung.) Liebes Mädchen! —

Karl. O ja, Papa, bleiben sie hier!

Paßenborn (drückt sie beyde an seine Brust) Vortreflichen Kinder! wie gern erfüllte ich eure Bitte! Aber es ist nicht möglich — Ich werde bald wieder zurückkommen.

Sophie Zurückkommen? (traurig) Sie wollen also doch fort? (munterer) So nehmen sie mich mit Papa. Aber die Mama muß auch mit! — Nicht wahr? Sie nehmen uns mit?

Karl (welcher die Hände bittend zusammen schlägt) Ja, ja, Papa! ja, ja!

Paßenborn Kinder! (er wendet sich weg) Sie zerreissen mein Herz! (zu ihnen) Meine Verrichtungen (er ergreift die Feder etwas verdrißlich) be-
un-

unruhiget mich nicht weiter. (er legt die Hand vor seine Stirne)

Sophie (nimmt Karln bey der Hand) Komm Karl, wir müssen den Papa nicht stöhren. (sie geht gegen die Thür, dreht sich um, und schleicht zu ihren Vater, den sie schmeichelnd frägt) Wir dürfen doch hernach wieder kommen?

Passenborn. Ja. — bleibt hier! Nur verhaltet euch ruhig. (er ließt in den Papieren, unterschreibt von Zeit zu Zeit einige Bogen und legt sie auf die andere Seite des Tisches. Beyde Kinder heben Papiere von der Erde auf, womit sie spielen)

Passenborn (nachdem er etwas gelesen) Ja, die Sache ist klärer als der Tag!) Er unterschreibt es ebenfalls)

Sophie (giebt ihre Papiere Karln, welcher damit zu den Sessel geht, der bey dem Tische steht, worauf die Pistolen liegen. Er spielt. Sie schleicht sich zum Flügel, hebt, indem sie oft seitwärts ihren Vater ansieht, den Deckel in die Höhe; in diesem Augenblicke sagt)

Passenborn (der ein Papier verdrüßlich an die Seite wirft) Nein! diesen Vorschlag werde ich nie billigen!

Sophie (erschrickt und läßt den Deckel des Flügels fallen.)

Passenborn (bemerkt ihre Furcht) Erschrick nicht gutes Kind! — Meine Arbeit ist geendigt. — (er legt die Feder weg) Laß dich hören!

Sophie (setzt sich zum Flügel, nimmt Noten hervor) So gut schlage ich noch nicht, als die Mama, aber ich will schon fleißig seyn — ich will recht fleißig seyn, und wenn ich groß werde, hernach werde ich so gut — eben so gut spielen.

Passen-

Paſſenborn (lächelt) Ich lobe deinen Eifer! —
Nun — (er iſt aufgeſtanden, und geht zum Flü‑
gel, ihr zuzuhören)

Sophie Itzt fang ich an. (Sie ſpielt)

Paſſenborn. Ganz artig — (er ſtreichelt ihr
die Wangen) So liebe ich dich, wenn du fleißig
biſt. (er geht von ihr weg)

Sophie (ſucht andere Noten, und ſtudirt für
ſich darinn.)

Paſſenborn (fährt ſeitwärts fort.) Welche
Freude! welche nützliche und angenehme Beſchäfti‑
gung für eine Mutter! — Wer hat dieſe Schnel‑
ligkeit, dieſen kaum ſichtbaren Fingern gegeben? wie
ſie über den Flügel ſchlüpfen! — In dieſen Jah‑
ren! — O Aeltern! meine Gattinn ſey euer Bey‑
ſpiel. Wie früh kann der Körper, der Geiſt der
Kinder gebildet werden! (Er ſetzt ſich wieder an
den Tiſch, um die Papiere zuſammen zu legen,
ohne auf Karln zu ſehen.)

Sophie. Ich kann noch etwas, Papa!

Paſſenborn (freundlich) Ich höre dich mit Ver‑
gnügen.

Sophie (ſchlägt ein Divertiſſement.)

Karl (iſt unter dieſer Zeit zu den Tiſch ge‑
gangen, worauf die Piſtolen liegen. Er nimmt
eine nach der andern in die Hand. Eine Piſto‑
le geht los, und verwundet.)

Paſſenborn (welcher ſeine Blicke auf Sophien
geheftet hatte.)

Sophie (ſpringt mit einem lauten Schrey
vom Seſſel, und ſchlägt die Hände zuſammen.)

Paſſenborn (greift an ſeinen Arm) Weh
mir!

D 2 Karl.

Karl (fängt an zu schreyen) Papa! Papa! Ich bitte um Verzeihung! (läuft ganz vorn auf die Bühne, hält die Hände bittend zusammen, und verbirgt sich hinter einen Sessel.)

Dreyzehnter Auftritt.

Dieser Auftritt geht sehr geschwinde fort.

Vorige. Gräfinn Passenborn. Simon. Strohm. Philipp. Gräfinn Tarnow. Die Mittelthüren bleiben geöffnet, einer kömmt nach dem andern ängstlich gelaufen.

Gr. Passenborn (sie stürzt gleichsam herein.) Was war das? (sie sieht ihren Gemahl an, welcher den rechten Arm an sich drückt, mit plötzlichen Erschrecken) Mein Gemahl verwundet? sie will seinen Arm nehmen) Gott!

Passenborn (schreckenvoll.) Beunruhige dich nicht — Es ist — —

Gr. Passenborn (zu Philipp, der gelaufen kömmt) Wer hat euch befohlen, die Pistolen zu laden?

Philipp (ängstlich) Ich glaubte auf der Reise —

Gr. Passenborn. Unglücklicher Mensch! (Sie wird das Blut gewahr) Blut! Blut!

Simon (der auch gelaufen gekommen zu Philipp) Sind Ihro Excellenz blessirt?

Strohm (tritt ein.) Was ist geschehn?

Gr Passenborn (zu Strohm.) Den Wundarzt herbey! —

Strohm (und die Bedienten laufen ab.)

Gr. Tar

Gr. Tarnow. Was höre ich? sind sie gefährlich, Sohn?

Paſſenborn (mit einer ruhigern Miene.) Ich hoffe es nicht — —

Sophie (weinend) Karl hat es gethan, Mama!.

Gr. Paſſenborn (eilt auf ihn zu.)

Karl (ſchreyt, und entläuft ihr.) Ich wills nicht mehr thun.

Gr. Paſſenborn. Grauſames boshaftes Kind, ich will dich — —

Karl (iſt zur Großmutter gelaufen.)

Gr. Tarnow. (die ihn auf den Arm nimmt, und die Mutter abwehrt.) Halt Tochter! faſſe dich! wer hat die Kinder hergeſchickt? durch deine Schuld iſt dies Unglück geſchehen. Hätteſt du vernünftigen Vorſtellungen Gehör gegeben! — Kommt — Nur nicht verzweifelt! — (ſie nimmt Sophien bey der Hand)

Gr. Paſſenborn (troſtlos, indem ſie ihren Gemahl unterſtützt und fortführt.) Gott! wenn er ſtürbe! — —

Gr. Tarnow. Es iſt Verhängniß — Komm! ſchnelle Hülfe wird ihn retten.

Der Vorhang fällt, indem ſie abgehen.

Vierter Aufzug.

Zimmer der Gräfinn Tarnow.

Erster Auftritt.

Gräfinn Tarnow, der alte Perchau, Simon.

(Sie treten ein, Simon kommt mit, setzt Sessel für beyde zu rechte, und geht wieder ab.)

Alt. Perchau.

Die Wunde ist also nicht gefährlich?
Gr. Tarnow Dank sey der Vorsicht, nein? so wie der Wundarzt versichert; er hat befohlen, man soll ihn ruhen lassen.
Alt. Perchau Es sollte mir leid seyn, wenn er bey einer solchen Gelegenheit ein Merkmahl behielte. Bey einer andern? — Wenn es da auch ein steifer Arm wäre — (er zieht einen Brief aus der Tasche) Ich habe ihm einen Brief vom Staatssekretär zu übergeben; er machte es außerordentlich dringend, man sollte ihn auf das schleunigste nachschicken, wenn er etwa schon abgereißt wäre. (Mann merkt aus seinen Zügen, daß er verdrüßlich ist)
Gr. Tarnow (ist aufgestanden, und läutet.)
Simon (tritt ein)

Gr.

Gr. Tarnow *(giebt Simon den Brief)* Der Gräfinn Paſſenborn — Sie ſoll es ihrem Gemahl, ſo bald er erwacht, einhändigen. — Sagt Charlotten, daß ich ſie erwarte.

Simon *(geht ab)*

Gr. Tarnow *(indem ſie ſich wieder ſetzt)* Mein lieber Graf, ich habe heute viel gelitten. Dieſe Abreiſe macht mir unbeſchreiblichen Kummer. Meine Tochter! — ich zittre für ihr Leben. Das letzte Unglück! — Der Bediente hatte die Piſtolen zur Reiſe geladen. — Wenn da nicht die Vorſehung gewacht hätte! — Der Sohn hätte den Vater getödtet. — Ich bedurfte aller meiner Standhaftigkeit —

Alt Perchau Jeder hat ſeinen Gram. — Dieſer Tag iſt für mich noch verdrüßlicher, als für ſie, geweſen. — Ich darf gar nicht daran denken — Ich gieng nach Hofe — Der König nahm mich mit einer ſolchen Verachtung auf — mit einem ſolchen Stolze —

Gr. Tarnow Er iſt ſonſt gnädig! Wiſſen ſie die Urſache nicht?

Alt. Perchau Eine verdammte Verläumdung! — Er warf mir meine ſchlechte Kinderzucht vor — Die Grundſätze vom Duell, in denen ich meinen ältern Sohn erzogen hätte, wären die einzige Urſache ſeines Todes. — Dorbach, der in die Nothwendigkeit der Vertheidigung verſetzt worden wäre, hätte nach den Vorſchriften der Natur gehandelt. Die Geſetze entſchuldigten ihn — Der Zorn riß mich hin. Es entfuhren mir ein paar Worte — Ich muß ja nicht bey Hofe ſeyn. — *(bitter)* Meine Familie iſt die älteſte im Lande, *(mit Verachtung)* und er —

Gr. Tarnow *(ſanft verweiſend)* Vergeſſen ſie nicht Graf; daß er ihr Herr, ihr rechtmäßiger Herr iſt.

Alt. Perchau *(hitzig)* Herr! Ja freylich Herr! — Was nützen nun die Verdienſte meiner Vorfahren, die Gut und Blut für dieſe Herren aufopferten? *(bitter*

ter und höhnisch) Da kriecht ihr spåter Enkel vor den Thron hin, und wird behandelt, wie ein Page.

Gr. Tarnow (erstaunt) Sie gerathen in eine Hitze —

Alt. Perchau. Ich muß mein Herz ausschütten — Hätte man je ein unbedachtsameres Gesetz geben können, als daß man den Zweykampf verbietet? — Das war das uralte Vorrecht des Adels; der Degen entschied. Dieß Recht raubt man uns —

Gr. Tarnow. Ihr Hitze läßt sie Dinge sagen, die ihr kaltes Blut gewiß verläugnet.

Alt. Perchau Nein, nein! — Ich wiederrufe keine Silbe. Was ist die Ehre anders, als —

Gr. Tarnow Die ächte Ehre, die Liebe zum wahren Ruhme ist keine andere, als dem Vaterlande, dem Fürsten große und heilsame Dienste zu leisten — Ohne Tugend ist keine Ehre — Ist das Tugend seine Mitbrüder ermorden? sich selbst in ein unausbleibliches Unglück stürtzen? — Denn ich weiß nicht, wen ich für unglücklicher halten soll, den Sterbenden, oder den Mörder - Vielleicht erhält jener noch in den letzten Augenblicken seines Lebens Vergebung, und ist nach dem Tode sicher für der Folter des Gewissens — Aber die Strafe des Mörders hebt da erst an, wo er sieget. Von der menschlichen Gerechtigkeit verfolgt, von seinen Freunden gefürchtet, von seinen Feinden verflucht, peinigt ihn seine eigene innerliche Unruhe, und die Gestalt des Entleibten — Kein Winkel der Erde hat Ruhe für den, der seinen Feind im Busen trägt — Und was für Thränen und Flüche hat er auf sich geladen, wenn ein Vater, oder eine Mutter, oder Brüder des Getödteten, ihre Stütze, ihre Freude beweinen, und mit jeder Thräne den Himmel um Rache bitten! heilsam sind also die Gesetze unseres großen und huldreichen Königs! Nothwendig ist es, daß nach diesen Gesetzen mit äußerster Strenge gerichtet werde!

Alt. Perchau Wenn wenigstens dieß geschähe.

Nach

ein Originaldrama. 55

Nach den letzten Duellgesetzen sollen die Güther dessen, der den andern getödtet, an die Erben des Entleibten fallen. Geschah es? — Ich verlohr meinen Sohn, der König zog die Güther für sich ein — Das war meine Genugthuung!

Gr. Tarnow Wenn er aber überzeugt zu seyn glaubt, daß ihr Sohn der Urheber des Streits war, wie können ihnen Dorbachs Güther zu Theile werden?

Alt. Perchau (hitzig) Sie vertheidigen offenbares Unrecht. (mit verbissenen Zorn) Wäre er nicht der König! — Um mich vollends zur Verzweiflung zu bringen, befiehlt er Dorbachs Begnadigung öffentlich bekannt zu machen. — Nicht allein seine, sondern auch seines Oheims Güther erhält er, der sich da an der Gränze hat umbringen lassen — Ha, die Rebellen! — Sie haben Recht — An ihrer Spitze wollt ich —

Gr. Tarnow (steht plözlich auf) Sie erschrecken mich! Sie sprechen Bösewichtern Recht, die sich den leichtesten und heilsamsten Gesetzen nicht unterwerfen? Wir haben einen Regenten, der für das Wohl seiner Unterthanen wacht; der ganz Menschenliebe, ganz Güte ist. — Und hätten wir ihn nicht — hätte uns die Vorsicht das Gegentheil zum Oberhaupte gegeben, so ist der Unterthan allzeit strafbar, wenn er sich empört, und über die Handlungen des Gesalbten klügelt. Aufwiegler sind bey dem ersten Schritte, den sie thun, der schärfsten Strafe würdig. — Da kömmt meine Tochter, wir wollen abbrechen. (das letzte sagt sie mit einem Tone und einer Miene, als wollte sie ihrer dazu kommenden Tochter den Innhalt ihres gehabten Gesprächs verbergen)

Zweyter Auftritt.

Gräfinn Charlotte, Vorige.

Alt. Perchau (der ihr entgegen geht) Ha, meine Charlotte, meine künftige theure Tochter, wie freue ich mich, sie zu sehen! — Noch vollkommner würde diese Freude seyn, wenn sie mir nicht der heutige Verdruß verbitterte.

Charlotte (neigend mit anständiger Zurückhaltung) Es thut mir leid, Herr Graf, wenn —

Alt. Perchau. Mir noch mehr. (seitwärts) Mußte ich denn auch nach Hofe gehn? (zu Charlotten) Bezaubernd, reizend. Seit dem ich sie das letztemal sah, hat sich ihre Schönheit vollkommen entwickelt.

Charlotte (erröthend) Ich bitte sie, Herr Graf —

Alt. Perchau (lächelnd) Ich versteh es — jungfräuliche Bescheidenheit — Trauen sie mir zu, daß ich weiß, was schön ist. (zur Gräfinn Tarnow) Das wird ein allerliebstes Paar werden. Ich will meinen Sohn nicht loben — Aber — Sie werden es sehen, sie werden es sehen. (zu beyden wechselweiß) Die Reisen haben ihn galant, artig gemacht, — Er hat auch Herz im Leibe, dafür ist er ein Perchau. Mit diesem Namen sind einige zwanzig im Zweykampfe geblieben, und wenigstens zweymal so vielen, haben wir den Weg in die andere Welt geöffnet. — Er putzt sich! — Er hat auch recht. Vor dem schönen Geschlechte kann man nicht geputzt genug erscheinen — (er will fort) Ob er fertig ist? er soll seine Braut sehen. (kommt zurück) Er wird ihnen gewiß nicht gleichgültig seyn; (er geht, kömmt aber gleich wieder zurück) er hat Verstand! viel Verstand! viel Verstand! (höhnisch) nicht aus Büchern — (zuversichtlich) Aus dem Umgange der Welt. (er gehet, kehrt aber wieder um) er macht französische Verse! das heißt was!

was! — (geht eilends fort) Gleich gleich soll er hier seyn.

Dritter Auftritt.

Gräfinn Tarnow, Gräfinn Charlotte.

Gr. Tarnow (hat im vorigen Auftritte in tiefen Nachdenken gestanden)

Gr. Charlotte. (zieht, nachdem Perchau abgegangen, ein Tuch heraus, und troknet sich die Augen)

Es ist hier eine kleine Pause.

Gr. Tarnow (für sich) Was für eine Sprache! — Was für Grundsätze! — Meine Besorgniß wächst! — (Sie nimmt eine muntre Mine an, zu Charlotten) Meine Tochter, ich werde dich verliren; — Vielleicht bald. Doch — zittere nicht — Du bringst den Segen deiner Mutter mit in dein Erbe, in deine Ehe — Sie ist der Stand, wozu uns die Natur bestimmt hat. Gefälligkeit, Freundschaft, zärtliche Liebe — darum können keine Freuden mit ihr verglichen werden.

Gr. Charlotte. Ich zweifle nicht! — Ein übereinstimmendes Ehepaar — (sie seufzt) Aber —

Gr. Tarnow (nachforschend) Du seufzest? — Dein Betragen macht mich unruhig. Nicht erst von heute beobachte ich einen Tiefsinn, eine Zerstreuung an dir! — Du hörst nicht, wenn ich rufe, und antwortest verkehrt, wenn ich dich anrede. — (zärtlich) hast du Geheimnisse, die deine Mutter nicht wissen darf? (sie schweigt einen Augenblick)

Gr. Charlotte (seufzet und wendet sich weg)

Gr. Tarnow (fährt fort) Nein, meine Charlotte kann über nichts zu erröthen haben. — Ich will dein Glück, du kannst keine brünstigere Wünsche haben, als ich. (zärtlich, indem sie ihre Hand ergreift

greift) Rede, mein Kind, deine Niedergeschlagenheit fängt an mir Kummer zu erwecken.

Gr. Charlotte (legt ihr Haupt auf den Arm ihrer Mutter) Das soll sie nicht, (zärtlich gerührt, indem sie ihr die Hand küßt) Einer so liebreichen Mutter? — Mitleiden, darum bitte ich! — Ich kann den Widerspruch meines Herzens nicht länger verbergen — (zitternd) Der junge Perchau —

Gr. Tarnow Nun? (liebreich) Du schweigst? — Schenke mir dein Vertrauen.

Gr. Charlotte (zitternd) Widerwillen und Abneigung gegen ihn — Sie kennen seinen Vater, hart, fühllos — Sein Sohn? — Er lobt ihn so sehr! — Mein Herz sagt es mir, er wird dem Vater ähnlich seyn.

Gr. Tarnow. Wir wollen ihn sehen — Du kannst davon noch nicht urtheilen: (seitwärts seufzend) Ich bin nicht weniger besorgt! (Mit zärtlichem Verweise) Aber dein Mißtrauen! Warum warst du bis itzt zurückhaltend? — Ach, meine Tochter! Mißtrauen und Heimlichkeit unter Aeltern und Kindern sind gefährlich! — sie untergraben die Liebe, den Gehorsam — —

Gr. Charlotte (feurig.) Meine Liebe, mein Gehorsam — Nein, gnädige Mama, nein! nie soll sich mein Herz von diesen heiligen Pflichten entfernen! — (stark weinend) Ich gehorche! — ich bin bereit mein Glück, meine Zufriedenheit, mein Leben den Willen der beßten Mutter zu unterwerfen.

Gr. Tarnow (gerührt, indem sie Charlotten die Hand drückt.) Theures, geliebtes Kind! du erfüllest mein Herz mit unnennbarer Freude. Du bist bereit dem Gehorsam alles aufzuopfern? — Nein, meine Tochter, du sollst nicht das Opfer deiner Unterwerfung werden. Meine Ehe war glücklich, die deinige soll es auch seyn! — Ich werde deinem Herzen keinen Zwang anthun.

Gr.

Gr. Charlotte (mit äußerster Rührung, indem sie niederkniet, und ihre Hand küsset) Gnädige Mama! (sie richtet ihre Augen gen Himmel) Ein dankbarer Blick zu dir, o Herr! — Welch eine Mutter hast du mir gegeben! (sie küßt ihr abermals die Hände, vor Freude weinend) Diese Thränen sollen ihnen meine Dankbarkeit, meine Freude! meine kindliche Ehrfurcht — O, meine Mutter, geliebteste Mutter!

Gr. Tarnow (hebt sie auf, und drückt sie an ihre Brust.) Tochter! deine Liebe, deine Bereitwilligkeit entzückt mich. Befürchte keine Gewalt.

Vierter Auftritt.

Gräfinn Paßenborn. Sophie. Karl aus der Seitenthür. Vorige.

Gr. Paßenborn (führt beyde Kinder, sie sagt in einem traurigen Tone zu Charlotten.) Ich suchte dich, Schwester! — (sie führt ihr beyde Kinder zu) Nimm sie zu dir, bis mein Gemahl erwacht. —

Gr Tarnow. Nimm sie, Charlotte! ihr Vater bedarf Ruhe!

Gr. Charlotte (zur Gräfinn Paßenborn.) Mit Freuden — Kommt, meine lieben Kinder. (tändelnd) Wir wollen uns schon die Zeit verkürzen. (sie will beyde fortführen.)

Sophie (zur Gräfinn Tarnow besorgend.) Der Papa wird doch bald wieder gesund werden?

Gr. Tarnow. Ja, mein Kind, wenn du fromm und fleißig bist.

Sophie. Wenn ich fromm, wenn ich fleißig bin?
(mun-

(munter) O so wird er bald besser werden; ich will ja recht fromm, recht sehr fleißig seyn!

Karl. Ja, ja — ich auch — recht fromm — ich will nicht mehr schießen!

Gr. Tarnow. Dann werde ich dich lieben. (Sie küßt sie) Geht nur; — Ich sehe euch bald wieder.

Gr. Charlotte (führt beyde Kinder in ihr Zimmer.

Fünfter Auftritt.

Gräfinn Tarnow. Gräfinn Passenborn.

Gr. Tarnow (sieht den Kindern nach), man bemerkt Freude in ihrem Gesichte über ihre Enkel.)

Gr. Passenborn (redet unter dieser Zeit seitwärts.) Wie soll ich es ihr vortragen? (Zur Gräfinn Tarnow, die sich eben zu ihr wendet, weinend) Gnädige Mama, meine Unruhe — mein Kummer — —

Gr. Tarnow. Meine Tochter, das Unglück ist geschehn — Danken wir der Vorsicht, die ihn beschützte — Es hätte schrecklicher seyn können.

Gr. Passenborn (bricht von Schmerz hingerissen auf einmal weinend aus.) Reist mein Mann — ich werde sie nicht überleben, diese Reise! Ich würde ihn nicht zurückhalten, wenn Dorbach nicht dort seinen Tod gefunden hätte — dies schreckt mich — (sie faßt sich etwas) Der Wagen steht bereit. (Sie sagt das folgende feurig hintereinander) Die Residenz ist nahe — Der König ist Vater — er wird meinen Schmerz fühlen, meine Thränen — mein Händeringen — meine Kinder — (Mit Zuversicht) Er wird gerührt werden — er ist Vater — (weinend)

nend) Er wird mit mir weinen — Er wird mir meinen Gemahl laſſen. (Hoffnungsvoll) Er wird meine Beſorgniß tilgen, und ich bin dann die glücklichſte unter allen Frauen! — Sie werden meinen Entſchluß billigen, gnädige Mama, ſie billigen ihn — Die Zeit flieht — ich eile — — (ſie will fort)

Gr. Tarnow (hält ſie zurück.) Wie unbeſonnen wäre dieſer Schritt! — In dieſen Geſinnungen erzog ich dich nicht. — (Mit Würde) Unſer Vaterland iſt ein Staat, wo eine lange Reihe menſchenfreundlicher Monarchen durch Weisheit und Güte der Geſetze herrſchten — Unſre Vorfahren haben unter den Schatten dieſer Regenten Glück, Reichthümer, Ehre und Ruhm erworben. Wir verdanken ihnen alles! — Nun fordert ihr Nachfolger einen Dienſt, der noch dazu unſre eigene innerliche Ruhe befördert; er fordert ihn von einem Paſſenborn. Aber ſein Weib läuft zu ſeinem Throne, und ſagt ihm: Nein, Fürſt, mein Mann iſt nicht des Vaterlandes wegen da, er will zwar die Fülle des Landes mit verzehren, aber dienen — ſich in Gefahr ſetzen? — Eher will ich leiden, daß Rebellen den Staat verwüſten, daß ſie Tauſende nach Tauſenden würgen, daß ſie dich vom Throne ſtoßen, ehe mein Mann nur einen Augenblick ſich von meiner Seiten trennet. Kannſt du das?

Gr. Paſſenborn (mit einiger Ruhe.) Ihre Gründe erheben meinen Geiſt. (weinend) Aber ſie tödten mein Herz.

Gr. Tarnow (mit Größe.) Sey deiner Geburt würdig — Dein Mann reiſe! (mit inniglicher Zufriedenheit) Kennſt du ein Land, das glücklicher iſt, als das unſrige? Kennſt du ein einziges, wo mehr Ueberfluß herrſchet? wo die Geſetze weiſer ſind? — dieſes ruft ihn! — (Mit vieler Größe) Dein Vater — er verlohr das Leben auf dem Schlachtfelde. Er war ein tapferer, ein kluger Kriegsmann. Der König bedaurte ſeinen Verluſt. Er ließ mich beklagen.

gen. Ich eilte zu ihm. Ich trug dich auf meinen Armen. Ich hielt dich ihm vor. — Wäre es ein Sohn, sagte ich, wäre es ein Sohn, Fürst, dessen Arm das Schwert führen könnte, auch ihn legte ich zu deinen Füssen. Er sollte für dich kämpfen, er sollte für sein Vaterland bluten — Mein Gemahl ist dahin. Sein Grab ist mit Ruhm und Ehre bestreut. Hätte er diese große Pflicht nicht erfüllt, ich würde mich seines Andenkens schämen. — Klagte ich so weichlich? — hielte ich ihn vom Ruhme zurück? — (in einem scharfen und emphatischen Tone) Das Vaterland muß uns mehr als Mann, Kinder, Verwandte und Freunde seyn. Alle diese Verbindungen begreift es in sich. — Folge meinem Beyspiele.

Gr. Passenborn (weinend.) Gott, was kann ich entgegen setzen? — Thränen! — (nach einem kurzen Stillschweigen) Ich will Muth fassen, ich will meine äußersten Kräfte anwenden, allein —

Sechster Auftritt.

Philipp aus der Seitenthür. Vorige.

Philipp (neigend.) Ihro Excellenz sind munter, und fragen nach ihrer Gemahlinn. (er geht durch die Mittelthür ab.)

Gr. Tarnow. Eile meine Tochter, — Gehorch! Vermehre nicht durch entehrende Thränen die Schmerzen deines Gemahls.

Gr. Passenborn (trocknet sich die Augen und geht kummervoll ab.)

Siebenter Auftritt.

Gräfinn Tarnow allein.

Gr. Tarnow (sie sieht ihr nach.) Sie will sich Muth erzwingen, und wankt kraftlos. — Habe ich mehr Muth? Ich? — (in einem bewegenden Tone) Perchau! Perchau! — Neue Besorgniße! — Charlottens Widerwillen! — Banger Tag! (sie sieht gen Himmel, und sagt seufzend.) Stärk mich!

Achter Auftritt.

Der alte Graf Perchau. Gräfinn Tarnow.

Alt. Perchau (unter der Thür, als redete er zu jemanden.) Das unverschämte Weib! — Ihr Mann richtet mich fast zu Grunde, und nun soll ich sie noch belohnen! (Zur Gräfinn Tarnow) Sollten sie glauben, daß mich meines gewesenen Verwalters Weib bis hieher verfolgt? Eines meiner besten Gebäude ist mir durch die Sorglosigkeit dieses Schurken verbrannt. (Gegen die Thür). Von mir keinen Heller!

Gr. Tarnow. Das ist hart. Ist es ihre Schuld? was haben die armen Kinder dazu beygetragen? Diese verdienen doch Mitleiden.

Alt. Perchau. Mitleiden? die Mutter klagt über Noth, über Armuth! Ich kenne diese Leute zu gut. Ein Verwalter sorgt für sich, besticht seine Obrigkeit, und bringt an die Seite, was er nur kann, wenn sein Herr auch hundert Augen hätte. Ich halte sie war ziemlich kurz. Ich habe schon einigen bewogen, daß ich die Landwirthschaft auch versehe. — Einen Buchhalter habe ich, meine liebe Gräfinn, so einen braven Kerl wollte ich ihnen wünschen: der kann es hervorsuchen, der kann sie zittern machen. — Mein Sohn braucht Vermögen, es ist besser, daß es der Kavalier verzehrt, als wenn man den Pöbel prassen läßt. Wäre der Letzte nicht verbrannt, ich hätte ihn — Sein Weib soll froh seyn, daß ich ihr ihre Lumpen lasse.

Gr. Tarnow. Graf! in der That, ich hätte nicht vermuthet —— Sie haben ein hartes Herz!

Alt. Perchau (lachend) Ein Männerherz wollen sie sagen! — Nur das liebe schöne Geschlecht bricht gleich in lauter Mitleiden und Wehmuth aus —

Neunter Auftritt.

Der junge Perchau geputzt. Vorige.

Alt. Perchau. Nun, da ist er ja. — Sehen sie, das ist mein Sohn: Der einzige Erbe meines Stammes und meines Vermögens.

Jung. Perchau (zur Gräfinn Tarnow) Ich freue mich, daß ich Euer Gnaden meine Ehrerbietung bezeigen kann. (er küßt ihr nachläßig die Hand)

Gr. Tarnow. Es ist mir angenehm ——

Junger Perchau (fällt ihr ungestüm und mit Lachen in die Rede.) Ha, ha, ha! — den Augenblick, mon cher Pere, habe ich das erstemal von Grund der Seele gelacht, seitdem ich wieder in Deutschland bin — (lachend) Die Verwalterinn — ha, ha, ha! — sie attaquirte mich! — Ich schleudre sie auf die Seite, so, daß ich mich beynahe derangirt hätte, denn ich stolperte mit — Nur die lächerliche, ungeschickte Figur hätten sie sehen sollen, die das Weib im Fallen machte — (mit angenommnen Ernst) Ich bin nicht von denen gereißten Deutschen, die ihr Vaterland durchgehends verachten, aber das weiß ich doch gewiß, daß die Franzosen mit weit beßrer Grace fallen.

Alt. Perchau. Das unverschämte Weib!

Jung. Perchau (affectirt) Doch, wie ist's? — Ich sehne mich sehr nach meiner Braut. — Ist sie nicht sichtbar?

Gr. Tarnow. Sie ist in ihrem Zimmer.

Jung. Perchau (will gehen.) Ich will ihr aufwarten!

Gr. Tarnow. Ich werde sie rufen lassen. — Verziehen sie. — Ich liebe den Wohlstand — (ironisch) Sie werden mir doch erlauben, daß ich bey dem Besuche zugegen bin?

Jung. Perchau (seitwärts.) Lächerlich! (zu seinem Vater) Wohlstand, Wohlstand, das ist allezeit das zweyte Wort, unsrer deutschen Matronen! (zur Gräfinn Tarnow) Der Wohlstand ist in meinen Augen eine sehr verdächtige Tugend! — (zuversichtlich lächelnd) Ich werde ihnen bald einen seltnern Geschmack beybringen, sie sollen in kurzer Zeit das Abgeschmackte unsrer Nation ganz verlieren.

Gr. Tarnow (ein wenig bitter.) Ich werde ihnen für ihre Lehren verbunden seyn, Graf!

Alt. Perchau. Ja, da bin ich seiner Meynung, wir sollten freyer in unsern Umgange seyn. Was nützt das Geziere? — Doch, daß der Wohlstand keine Ohrfeige bekömmt — Komm! ich will mit dir gehen! — (zur Gräfinn Tarnow, neigend) So werden sie es doch erlauben? (er fängt an zu gehen.)

Gr. Tarnow (seitwärts) Unverschämt!

Alt. Perchau. Komm!

Jung. Perchau (im Abgehen zu seinem Vater in einem schleppenden böhmischen Tone.) Meine künftige Frau Schwiegermama hat eine sehr ehrwürdige Physionomie. (Sie gehen in Charlottens Kabinet ab.)

Gr. Tarnow, (allein.) Unbegreiflich! (sie setzt sich) Ich bin ganz betäubt — Sind das Menschen? — Charlotte! — (sie denkt nach) Nein!

Zehnter Auftritt.

Graf Passenborn im Schlafrocke. Gräfinn Tarnow.

Gr. Passenborn. Wenn ich ungelegen komme —

Gr. Tarnow. Nein, mein lieber Passenborn. — Wie ist ihre Wunde?

Gr. Passenborn. Ich habe nichts zu befürchten! — Ein Streifschuß — Der Verlust des Bluts, und meiner Gemahlinn Schrecken ist alles. — Die Grafen Perchau sind angekommen, wie ich höre?

Gr. Tarnow (seufzend.) Sie sind hier! — Das sind heftige, unruhige Leute. — Ich muß ihnen mein ganzes Herz entdecken. Ihre Besorgniß war gegründet — Charlotte hat mir ihren Widerwillen gegen diese Verbindung nicht länger verheelt. — Ich kann ihr nicht Unrecht geben — Rathen sie mir — Ich bin in einer großen Verlegenheit.

Gr. Passenborn. Schon längst wollte ich es wagen Vorstellungen gegen diese Heyrath zu machen — (unterbrochen und etwas verlegen) Da mich nun meine Pflicht auf einige Zeit entfernt, und sich die Unruhen leicht vermehren könnten — So sehe ich mich gedrungen, Euer Gnaden den Grund ihres Widerwillens zu eröffnen.

Gr. Tarnow. (neugierig.) Reden sie.

Gr. Passenborn. Ein andrer Gegenstand —

Gr. Tarnow (erstaunt, fällt hitzig in die Rede) Ein andrer Gegenstand? — Wie, meine Tochter sollte — —

Gr.

Gr. Paſſenborn. Ich habe Urſache zu glauben, daß
ihr Graf Dorbach mit der heftigſten Liebe ergeben iſt.
Gr. Tarnow. Dorbach? (erſtaunt)
Gr. Paſſenborn. Sie hat einen ſo tiefen Eindruck
auf ſein Herz gemacht — Sie beſitzt es gänzlich —
Er ſah ſie das erſtemal, da Charlotte bey mir war,
um dem Feſte beyzuwohnen, welches der Hof gab. In
einer Geſellſchaft, wo ſein Nebenbuhler zugegen war,
den er nicht kannte, brach er in die ſchmeichelhafte-
ſten Lobſprüche über ſie aus. — Der ältere Perchau
wurde eiferſüchtig und wüthend. Er beleidigte Dorbachen auf das empfindlichſte. Dieſer ſuchte auszuweichen, aber endlich wurde er mit Gewalt gezwungen — Er mußte ſich vertheidigen.
Gr. Tarnow. Und meine Kinder täuſchten mich
ſo lange? — Zwar zweifle ich nicht mehr an ſeiner
Unſchuld. Da er, wie mir Perchau mit äußerſtem
Verdruß erzählte, Gnade und ſeine Güter wieder erhalten hat. — Der König begnadigt keine Verbre-
cher — Jedoch das Mißtrauen — —
Gr. Paſſenborn (feurig.) Dorbach, Gnade? —
Wie entzückt mich dieſe Nachricht! — Kennten ſie
dieſen liebenswürdigen Jüngling ſo, wie ich — ſie würden ihn lieben.
Gr. Tarnow. Ich würde dieſer Verbindung nicht
entgegen ſeyn. — Sein Haus; ſeine Verdienſte ſind
mir bekannt. — Allein — man iſt in vielen Fällen
auch den Urtheilen der Welt etwas ſchuldig. — Ein
Mörder — —
Gr. Paſſenborn. Ein Mörder? — Ein Böſe-
wicht ſtürzt plötzlich mit dem Degen auf mich ein —
Mein Tod iſt gewiß, wo ich ihn nicht ſchnell daran
verhindere. Ich tödte ihn. Bin ich ein Mörder?
— Der König hat ihm Gnade wiederfahren laſſen,
dieß hebt alle Urtheile der Welt auf.
Gr. Tarnow (nach einer kleinen Ueberlegung)
Liebt ihn meine Tochter?

Gr. Paſſenborn. Ihre Abneigung gegen Perchau — Dorbach verdient ihre Liebe!

Gr. Tarnow (mit Güte.) Sie vertreten ihn, das iſt mir genug!

Gr. Paſſenborn (von Freude hingeriſſen.) Glücklicher Freund! (zur Gräfinn) Die Furcht für ſeine Sicherheit, band bisher meine Zunge. — Sie müſſen alles wiſſen, gnädige Mama. — Er iſt hier.

Gr. Tarnow (plötzlich, mit Erſtaunen.) Dorbach?

Gr. Paſſenborn. Die Liebe verbarg ihm alle Gefahr. Er eilte hieher. Simon wurde durch ſein dringendes Bitten, durch ſeine Thränen gerührt. Er brachte ihn in der Mitternachtsſtunde ins Schloß. — Dorbach ſah Charlotten. Ich erfuhr es. Sein Leben ſtand in Gefahr, wenn er erkannt wurde. — Ich verbarg ihn, und faßte den Entſchluß, Dorbach ſollte mich auf meiner Reiſe begleiten, er ſollte dem Staate Dienſte leiſten, die die Bahn zu ſeiner Begnadigung eröffnen könnten.

Gr. Tarnow (die unter voriger Rede erſtaunte.) Und Charlotte gab ihm Gehör? — Dieß kränkt mich von meiner Tochter.

Gr. Paſſenborn. Charlotte iſt tugendhaft! — Sie wurde überraſcht. Ihr Erſtaunen war unglaublich, da ſie ihn ſah. (Vergnügt) Alle Beſorgniß iſt nun verſchwunden. Die Vorſehung hat alles abgewendet — (feurig) O gewähren ſie mir noch dieſe Gnade, daß ich Dorbachen ſagen darf, ſie erlaubten ihm, ſich zu ihren Füßen zu werfen.

Gr. Tarnow. Ungeſtümer Mann! — Ich will ihn ſehen. Seine Verwegenheit — ſie iſt zu weit gegangen.

Gr. Paſſenborn. Wenn ſie ihn nur ſehen! Wie ſehr wird ihn dieſe Nachricht entzücken! (Mit vieler Freude, da er eine Bewegung macht fortzugehen)

geben.) Ich kann also meinem Freunde Gnade ankündigen! — Noch vor meiner Abreise habe ich den Trost, ich sehe ihn glücklich — Was empfinde ich! — (er geht eilends in sein Zimmer)

Gr. Tarnow (allein.) Was für ein stürmischer Tag! — Meine Seele ist beklemmt! — Sollten mich neue Leiden treffen? — ich würde erliegen — Meine Tochter — (sie geht auf Charlottens Zimmer zu.)

Eilfter Auftritt.

Gräfinn Tarnow. Der alte und junge Graf Perchau. Gräfinn Charlotte.

Alt. Perchau (welcher voraus tritt, zur Gräfinn Tarnow.) Ja, sie kommen zu spät, wir sind schon wieder hier. (Zu Charlotten) Wie ich ihnen sage, sie gefallen mir ungemein!

Gr. Charlotte (mit einiger Kälte.) Ich danke ihnen für die vortheilhafte Meynung, die sie von mir gefaßt haben.

Jung. Perchau. (geht affectirt auf der Bühne herum, schnupft Toback. Seitwärts.) Eine außerordentliche beauté ist sie eben nicht —

Alt. Perchau (zur Gräfinn Tarnow.) Hören sie, Gräfinn Passenborn hat allerliebste Kinder! (zur Gräfinn Charlotte) Und wie sie sich mit ihnen unterhalten können? — Just solche Enkel will ich sehen. (lächelnd, indem er zugleich einen Blick auf Charlotten wirft) Mein Sohn, ich erwarte sie von dir. —

Gr. Charlotte (wendet sich weg.)

Alt. Perchau (der es bemerkt, fährt fort.)
Nun, nun, was ist dann das für eine Röthe? —
Meine Erwartung ist ja billig! Legen Sie dieses frostige Wesen ab, Charlotte —

Jung. Perchau (affectirt.) Nur mehr vivacité Comtesse, Sie sind noch einmal so reizend. (Er nimmt sie bey der Hand) Die französische Artigkeit — (Mit Stolz) Also, Sie wollen die Meinige werden? —

Gr. Charlotte (entzieht ihm ihre Hand.)

Gr. Tarnow (die seinen Stolz bemerkt hat, mit anständiger Ironie.) Die Ehre ist zu groß, die sie meiner Tochter erweisen. Sie würden nicht glücklich mit ihr seyn. —

Alt. Perchau. Aber sie stellt sich auch so kalt. — Machen wir der Sache ein Ende! — Wann soll die Hochzeit seyn? — In vierzehn Tagen, nicht wahr?

Gr. Tarnow. Sie sind sehr geschwinde.

Alt. Perchau. Geschwinde? — Da sie einander einmal heurathen sollen, worauf haben wir noch zu warten? — (Er schüttelt den Kopf) Ich weiß nicht, was ich von ihrem kalten Betragen denken soll — Ich hoffe, daß ich mit einer Dame zu thun habe, die meiner nicht spotten wird.

Junger Perchau (welcher sich gesetzt hat, im schleppenden Tone zu seinem Vater.) Spotten? was denken sie! — Einförmiges, finstres, schleichendes Landwesen! (zuversichtlich) Ich muß sie erst ziehen. — Das ist ein roher Diamant, den ich schon poliren werde.

Alle stehen so, daß sie dem Zimmer, woraus
Passenborn tritt, den Rücken zuwenden.

ein Originaldrama.

Zwölfter Auftritt.

Vorige. Graf Paſſenborn. Graf Dorbach.

Gr. Paſſenborn (geht voraus, er ſieht ſich gar nicht nach denen, welche im Zimmer ſind, um, und redet ſchon unter der Thür ſehr lebhaft mit Dorbachen, der die Augen furchtſam zur Erde ſchlägt.)

(Die andern erſchrecken alle, indem ſie ſich bey Paſſenborns Rede umwenden, und Dorbachen gewahr werden.)

Gr. Paſſenborn. Kommen ſie, Dorbach, zu unſrer vortrefflichen Mutter. Sie iſt gütig, ſie hat ihnen verziehen.

Gr. Charlotte (welche heftig erſchrickt.) Ach! — Dorbach — itzt? — Gott!
Die folgenden Reden werden faſt zugleich geſagt.

Gr. Tarnow. Himmel!

Gr. Charlotte. Ich zittre!

Gr. Dorbach. Wen ſeh ich!

Alt. Perchau (aufgebracht.) Der Mörder meines Sohns in dieſem Hauſe? (er will den Degen ziehen) Ha! meine alten Sehnen will ich anſtrengen —

Gr. Paſſenborn (mit Würde, da er ihn verhindert.) Wiſſen ſie, in weſſen Hauſe ſie ſind?

Jung. Perchau (zu ſeinem Vater ſchleppend.) Sie entrepreniren zu viel, mein Vater! überlaſſen ſie mir es —

Alt. Perchau. Ja, mein Sohn, ſey deines Vaters würdig, räche mich, räche den Tod deines Bruders —

Jüng.

Jung. Perchau (geht auf Dorbachen zu, und schlägt ihm auf die Schulter.) Wir werden uns näher kennen lernen!

Dorbach (mit Hitze.) Graf! hielte mich nicht die Achtung für die Anwesenden zurück! — (Mit Wuth) nicht ungestraft sollten sie —

Gr. Tarnow (mit Angst.) Dorbach! —

Dorbach (faßt sich schnell.) Ich gehorche ihnen —

Jung. Perchau (höhnisch.) Nicht ungestraft? — (Mit Stolz) Folgen sie mir!

Dorbach (etwas bitter.) Diese Begegnung —

Gr. Passenborn (zu Dorbach.) Vergessen sie sich nicht!

Jung. Perchau. Allons! allons! (er geht auf die Thür zu.)

Dorbach (der sich Gewalt anthut.) Graf, bedenken sie die Folgen? — Das Glück ist ungewiß — lassen sie uns Freunde werden.

Alt. Perchau (äußerst hitzig.) Ja! wenn du in deinem Blute schwimmtest. — Fort, Elender!

Gr. Charlotte (äußerst erschrocken.) Gott! (bittend) Dorbach!

Gr. Tarnow. Welche Wuth! (mit Entsetzen.)

Gr. Passenborn (mit Würde zu beyden Perchau.) Mehr Mäßigung, darum bitte ich! — Wir haben Gesetze — (verweisend) Sie beunruhigen dieses Haus. — (drohend) Sie wissen, der König —

Alt. Perchau (höhnisch.) Der König! Der König! — (mit Bitterkeit) Dieses Haus? — ich werde es meiden — (spöttisch) So dumm ist der alte Perchau nicht. — (zur Gräfinn Tarnow höhnisch) Sie hätten mir es ohne Umschweife sagen können, daß sie die Ehre ihrer Tochter dem Mörder meines Sohns aufopfern wollten. (er nimmt seinen Sohn bey der Hand, und ermuntert ihn durch Mienen zum Schlagen.)

Gr. Char-

Gr. Charlotte (zittert und wendet die Augen zur Erde.)

Gr. Tarnow (wirft einen Blick auf Dorbach (welcher Miene macht, in Hitze auszubrechen.)

Gr. Passenborn (sieht beyde Perchau mit einem redenden Mitleiden, und vieler Ruhe an.)

Jung. Perchau (indem er spöttisch auf Dorbach blickt.) Der verursachte also den Frost? — Wir werden uns messen! — Wohlstand, Wohlstand — Das ist also der Wohlstand, und die deutsche Tugend? — Man schlägt dumm die Augen zur Erde, und verbirgt den Liebhaber —

Alt. Perchau (hitzig.) Tugenden auf der Zunge, und in der Miene, — aber im Herzen —

Dorbach (der sich nicht mehr mäßigen kann.) Das geht zu weit! — (er macht eine Bewegung, als wollt er auf ihn zueilen.)

Gräfinn Tarnow und Charlotte erschrecken.

Gr. Passenborn (hält ihn.)

Dorbach. Lassen sie mich! —

Gr. Tarnow (zu Dorbach.) Lassen sie sich nicht hinreißen — (indem sie einen verächtlichen Blick auf die Perchau wirft) Sie beleidigen mich nicht!

Dorbach (mit Hitze.) Mich sollen sie schmähen. (indem er auf Charlotten zeigt) Aber diese Tugend — Auf die Würdigste aller Frauen ihr Gift —

Jung. Perchau (höhnisch.) Kommen sie, Herr Ritter! kommen sie. Wir wollen dieser Prinzeßinn zu Ehren die Lanzen brechen! (er geht langsam der Thür zu)

Alt. Perchau (gegen die Gräfinn Tarnow bitter.) Heuchlerinn!

Dorbach (geht auf den alten Perchau zu, nimmt ihn bey der Hand.) Endigen sie ihre Beleidigungen! (Mit Wuth) Ihr Alter schützt sie nicht! bey Gott! ich schwöre es ——

Alt. Perchau (reißt ihn mit sich fort.) Komm, frecher Jüngling, komm!

Jung. Perchau (dreht sich schnell um, reißt beyde auseinander, mit Hitze.) Hier ist dein Feind! (er zieht den Degen) Zaudre nicht, komm! (er nimmt seinen Vater bey der Hand, und geht schnell zur Thür hinaus.)

Alt. Perchau (im Abgehen.) Diese Schande muß mit Blute abgewaschen werden.

Dorbach (will ihnen nacheilen.) Ja, mit Blute! — Zittert!

Diese Reden werden, indem sie ihn zurück halten, fast zugleich gesagt.

Gr. Tarnow. Nimmermehr!

Gr. Passenborn. Vernünftig, Freund!

Gr. Charlotte (bittend.) Dorbach!

Gr. Tarnow (mit Größe.) Bleiben sie! — oder sehen sie mein Angesicht nicht mehr. Dieß ist die Wuth Rasender. (sie blickt nach der Thür) Verachtung sey ihre Strafe! — (zu Passenborn) Eilen sie! gebrauchen sie ihr Ansehen, diese Tobenden zu entfernen.

Gr. Passenborn (geht durch die Mittelthür schnell ab.) Werde ich es können!

Gr. Tarnow (fährt fort zu Dorbach.) Ich lasse sie nicht aus meinen Augen. (sie nimmt ihn bey der Hand, und führt ihn zu Passenborns Kabinett) Hier sind sie sicher. Erfüllen sie meine erste Bitte!

Dorbach (geht mit einigem Zwange hinein.)

Gr. Tarnow (da er abgegangen, zu Charlotten warnend.) Tochter! Tochter! — in welche Unruhe setzest du mich. — Gerechte Vorwürfe — Doch zu spät! — Komm! tilge mit mir seine brausende Hitze! (sie gehen beyde Dorbachen nach.)

Fünf=

Fünfter Aufzug.

Erster Auftritt.

Gr. Paſſenborn, der alte Perchau.

Beyde treten durch die Mittelthür, und ſind ſchon im Geſpräche.

Gr. Paſſenborn.
Ich erwartete nach einem Sturme, Stille.

Alt. Perchau (hitzig) Sie ſind ein Kavalier, ſie konnten das nicht erwarten. — Sollen wir unſere Gerechtſame vergeben? Der Degen unterſcheidet uns von dem Pöbel, den müſſen wir gebrauchen, oder ſterben.

Gr. Paſſenborn. (der ihn einen Augenblick mitleidig anſieht) Nun wohl, Graf, ſie ſollen ſich ſchlagen. — Allein —

Alt. Perchau (freudig) Laſſen ſie ſich umarmen, das war einmal ein Wort;

Gr. Paſſenborn Ihr Sohn wird über Dorbachen ſiegen —

Alt. Perchau Da will ich meinen Kopf verwetten.

Gr. Paſſenborn Und der König? —

Alt. Perchau (verächlich) Nun der König! der König! —

Gr. Paſſenborn Er iſt gütig, aber ſtreng, wenn man ſeine Gebothe gering ſchätzt. — Ueberſehen ſie auch den ganzen Umfang ihres Geſchickes, und die ſchrecklichen Folgen? Ihr Sohn wird den Tod eines Mörders ſterben. Der König muß ſie abermal als den Urheber dieſes Zwiſtes betrachten. Er hat Recht! Ihr Vermögen wird eingezogen. Sie müſſen flüchtig werden. Kein Großer darf ihnen das Haus öffnen. Da

ſam-

sammlet denn der alte Perchau, einer der edelsten des Landes, mit seinem grauen Kopfe, das Nothdürftige bey Fremden. Kummer und Elend drücken ihn nieder. Man findet ihn endlich schmachtend in einer elenden Hütte. Er stirbt in der äußersten Dürftigkeit. — So weit bringt sie ein unrichtiger Begrif von der Ehre —

Alt. Perchau (nachgebend) Hören sie — Sie sind ein beredter Mann — Beynahe —

Gr. Passenborn (fährt fort) Und dieser Graf Perchau könnte im Besitze seiner Vorrechte, seines Adels, seiner Güther, ruhig verbleiben, er könnte die Gnade des König wieder erwerben — das Glück seines Sohnes auf eine glänzende Art gründen —

Alt. Perchau Wodurch?

Gr. Passenborn (schnell) Vergeben sie Dorbachen. Werden sie sein Freund.

Alt. Perchau Und die Welt — Und unsre Nachbarn? —

Gr. Passenborn Sie werden sie bewundern und lieben, wenn sie einen großmüthigen Vergleich treffen.

Alt. Perchau. Was für einen Vergleich?

Gr. Passenborn Charlotte hat keine Neigung zu ihrem Sohne. Sie kannte Dorbachen lange vor ihm.

Alt. Perchau (aufgebracht) Eben das verdrießt mich.

Gr. Passenborn Aber es ist nicht zu ändern. Lassen sie ihre Ansprüche fahren. Auch ihr Sohn empfindet keine so große Liebe gegen sie —

Alt. Perchau Immerhin — Es sind Familiencontracte, Convenienzen. Muß man denn bey einer Heyrath gerade auf Liebe sehen? Und die findet sich endlich doch ein. —

Gr. Passenborn Ich zweifle. — Ausschweifungen, ja! Die Erfahrung bestätigt es — Das sind meine letzten Worte, Graf — erwerben sie sich dieß Verdienst — das wirklich gering ist — daß sie diesen

Ver-

Vergleich eingehen. — Ich nehm es auf mich, ihren Sohn dem Könige vorzustellen, und ihn zu den ansehnlichsten Würden zu bereiten. Dies wird neuen Glanz über ihre Familie hervorbringen.

Alt. Perchau. (zufrieden) Wollen sie das thun?

Gr. Passenborn Sie haben mein Wort!

Alt. Perchau (plözlich) Da haben sie meine Hand — Wir sind versöhnt. Friede! Friede! (will fortgehen, dreht sich aber wieder um, und sagt unzufrieden) Wenn sie nur wenigstens die Degen gegen einander angelegt hätten! — Das müssen sie noch thun, damit das alte edle Herkommen nicht gar unter die Füße getreten wird. — Der Henker, Graf, sie haben Recht — Meine verdammte Hitze! — Ich bitte sie um Vergebung. — Bey der Gräfinn, bey Charlotten und Dorbachen müssen sie auch Vergebung für mich erbitten—Oder ich thue es auch selbst.— Wenn man fehlt, muß man seinen Fehler gestehen. — Meinen Sohn werde ich schon zufrieden stellen. (sehr munter) Es soll alles Freund werden! — Aber, mein Sohn nach Hofe! — Es ist doch sonderbar, daß wir Leute uns so nach Hofe sehnen! — Wir mögen auch noch so gleichgültig thun — Verstellung, verdammte Verstellung ist es. Bey Hofe sind wir in unserm Elemente. — Nun einen Kuß, Graf. — Ich muß doch auch einmal ein Friedensstifter seyn. — (im Abgehen freudig) Mein Sohn kömmt nach Hofe!

Gr. Passenborn (der ihn nachsieht, nach einer Pause) Welch ein Gemisch von guten und bösen, von verjährten Vorurtheilen! —

Zweyter Auftritt.

Gr. Tarnow, Gr. Charlotte, Gr. Passenborn.

Gr. Tarnow (im Heraustreten) Ihr habt mir Unruhe ersparen wollen, und ihr habt sie vergrößert. —

Dor-

Dorbach kann nie entschuldiget werden. — In seinen Umständen eine Unterredung zu suchen, so spät? — Wie wenig Achtung gegen mein Haus! (zu Passenborn) Die Unruhen dieses Tages —

Gr. Passenborn Sie werden verschwinden. — Ich habe einen schweren Kampf mit Perchau gehabt. Endlich hat die Vernunft gesiegt.

Gr. Charlotte (erschrocken) Ist er noch hier?

Gr. Passenborn Seyn sie ohne Kummer, seine Gegenwart wird keine unangenehme Folgen für sie haben.

Gr. Tarnow Das sind gefährliche Männer! — Was kann man von ihnen erwarten? Ihr unanständiges menschenfeindliches Betragen —

Gr. Passenborn (entschuldigend) Fehler des Temperaments, der Erziehung. Man könnte sie leiten, wenn —

Dritter Auftritt.

Vorige, der alte Graf Perchau, der junge Graf Perchau.

Alt. Perchau (fängt gleich beym Eintrit an). Es ist mir leid, daß ich sie beleidiget habe. — Wollen sie mir verzeihen? — Wir sind Nachbarn. Ich würde es meinem Bruder Tarnow noch in der Ewigkeit klagen, wenn mir seine Gemahlinn nicht vergeben hätte. (zu Charlotten und Gräfinn Tarnow) Friede, Friede!

Gr. Tarnow Mit Freuden, Graf!

Alt. Perchau Höre, mein Sohn, du hast auch gefehlt. — Folge meinem Exempel. (drohend) Wenn du dich weigerst —

Jung. Perchau (kalt) Sie befehlen es. Ich gehorche. Pardonez moi! —

Alt. Perchau Und deine Liebe? — Du bist uns zu gleichgültig. Ich habe einen andern und vortreflichen

hen Plan für dich. (indem er auf Charlotten zeigt) Ueberlaß sie Dorbachen. (zu Passenborn) Sie halten doch Wort?

Gr. Passenborn Gewiß!

Alt Perch. Recht so! (zu seinem Sohn) Willst du?

Jung. Perchau De tout mon coeur (zu Charlotten) Allein sie wissen nicht, wie sehr sie zu bedauren sind. — Ein trauriges, melancholisches Leben erwartet sie. — Ha! wenn man keine Welt hat, findet man wenig Vergnügen in —

Gr. Passenborn (mitleidig) Welt? — Was ist Ihre Welt? Ihre Bestimmung ist, der Dienst des Vaterlandes. Alles übrige —

Alt. Perchau (zu seinem Sohn) Er hat recht. Du mußt dich umkehren. — Das Herz am rechten Orte! — Aber die andern Possen — Ich bin, wenn ich aufrichtig reden soll, selbst ein Feind davon. — Doch wo ist denn Dorbach? — Mit den müssen wir uns auch vergleichen. Wo ist er denn?

Gr. Tarnow (zeigt auf Passenborns Zimmer.) Bey meiner Tochter!

Alt. Perchau (indem er hurtig abgeht.) Ich muß ihn holen!

Vierter Auftritt.

Vorige, außer dem alten Perchau.

Gr. Tarnow Das Betragen meines Nachbars entzückt mich! (zum jungen Perchau) Sie sind ein junger Kavalier, der in die Welt tritt, um sein Glück zu machen. Durch Verdienste, Graf. — Sie erlauben mir ein Wort dessen Grund wahres Wohlmeynen ist, durch sorgfältige Ausbildung der Talents, befördert man es — aber nicht durch Verachtung gegen alles, was uns umgiebt. Man muß nie sein Vaterland verachten. — Hätten sie mehr Nationalstolz, sie müßten —

Fünf

Fünfter Auftritt.

**Vorige, Gräfinn Paſſenborn, Graf Dor-
bach, der alte Graf Perchau.**

Alt. Perchau (welcher die Gräfinn Paſſenborn
herausführt) Seyn ſie Zeuge unſrer Freundſchaft.
Wenn wir auch nicht Verwandte werden, ſo wollen wir
doch gute Nachbarn bleiben. (zu Paſſenborn) Sie
haben eine reizende Gemahlinn. Aber immer ſo traurig! Einſamkeit tödtet den Geiſt, und ſchwächt den
Körper. (zur Gräfinn Paſſenborn) Sie müſſen ſich
in unſrer Geſellſchaft ermuntern.

Gr. Paſſenborn (ſehr niedergeſchlagen ſeitwärts ſeufzend) Ohnmöglich! (ſie zieht ſich in die
Tiefe des Theaters, ſetzt ſich und weint)

Alt. Perchau Mein Sohn, Dorbachen einen Kuß.
Aller Zwiſt, alle Feindſchaft ſoll auf ewig aufhören.

Gr. Dorbach (geht auf den jungen Perchau
zu und umarmt ihn) Seyn ſie mein Freund!

Jung. Perchau Ihre Rechtſchaffenheit beſchämt
mich.

Gr. Dorbach (voller Entzücken) Wie glücklich
bin ich! Ich erhalte Freunde, Gnade des Königs —
Vermögen, (ſeufzend indem er Charlotten anſieht)
Aber —

Alt. Perchau (zur Gräfinn Tarnow) Geben ſie
Dorbachen Charlotten. Sie lieben ſich. Das muß
ein glückliches Ehepaar werden. Sie machen ja ſo gern
glückliche Leute. Laſſen ſie meine Bitte ſtatt finden.

Gr. Tarnow Sie fordern zuviel! (zu Paſſenborn) Sie ſehen, was für traurige Folgen heut aus
dem Aufenthalte Dorbachs, in meinem Hauſe hätten
entſtehen können. (verweiſend) Sie wußten ihn —
Ich habe von ihrer Klugheit eine ſo große Meinung gehabt — (ſie unterbricht ſich gleichſam ſelbſt) Zu

einer Zeit, wo er seiner Begnadigung noch nicht versichert war —

Gr. Passenborn. Ich erfuhr es nicht eher, als da er schon im Hause war. Um ihn keiner Gefahr auszusetzen —

Gr. Tarnow. Desto sträflicher ist Dorbach. Diese Hitze, diese Unbedachtsamkeit — Der größten Gefahr in die Arme laufen? — (zu Dorbach) Ich muß ihnen meine Einwilligung verweigern.

Gr. Charlotte (seufzet)

Dorbach (bricht plötzlich aus.) Ich habe mein Todesurtheil gehört!

Gr. Perchau Aber seine Liebe —

Gr. Tarnow Verdienen sie sie. — Was sie bisher gezeigt haben, ist nicht Zärtlichkeit — erhitzte Leidenschaft, aufwallendes Feuer, das sich eben so plötzlich verzehrt. Ich will ihre Gemüthsart aus ihren Handlungen kennen lernen. — Es ist der wichtigste Schritt des Lebens! Ich verlange Verdienste und Unterwerfung. Bin ich davon überzeugt, so will ich ihnen dann mit mütterlicher Zärtlichkeit die Hand meiner Tochter reichen. Dieß ist alles, was ich thun kann.

Gr. Charlotte. (neigt sich mit anständiger Freude gegen ihre Mutter)

Dorbach. (küßt ihr mit feuriger Dankbarkeit die Hand) Diese Bedingungen — Ich werde sie erfüllen, ihrer würdig zu werden.

Gr. Passenborn (umarmt Dorbach) Sie werden Charlotten verdienen, ich bin es überzeugt. Könnte ich doch dem König noch vor meiner Abreise diesen glücklichen Ausgang melden!

Gräf. Pass. (steht auf und zeigt ihren Kummer)

Alt. Perchau Das überlassen sie mir. Ich habe dem Staatssekretair ohnehin zu melden, daß ich sein Schreiben ihnen noch selbst habe einhändigen können. Er soll heute noch alles erfahren, so weiß es morgen der König gewiß.

F 2

Alt.

Gräfinn Tarnow,

Gräf. Paſſenborn (erſchrickt)

Gr. Paſſenborn Was für ein Schreiben?

Alt. perchau (auf Gräfinn Tarnow zeigend) Ich habe es übergeben — Es werden noch Verhaltungs-befehle auf ihren Poſten ſeyn.

Gräf. Tarnow (zur Gräfinn Paſſenborn). Ich ſchickte es dir —

Gräf. Paſſenborn (weinend) Seine Abreiſe — Ich habe es zurückbehalten — Ich wollte vorher den König anflehen — (zur Gräfinn Tarnow) Ihre Gründe — Ihr Zureden —

Gr. Paſſenborn (dringend) Wo iſt das Schreiben?

Gräf. Paſſenborn Hier — (ſtark weinend) Es iſt der Tod in deinen Händen.

Gr. Paſſenborn (erbricht es ſchnell und lieſt).

Gräf. Tarnow (verweiſend zur Gräfinn Paſſenborn) Deine Weichlichkeit hätte dich nicht verleiten ſollen, ſtrafbar zu werden.

Gräf. Paſſenborn. Dieſe Trennung! — (Sie ſieht ihren Gemahl an) Gott! was wird er leſen!

Gr. Paſſenborn läuft auf ſeine Gemahlinn zu, und bricht in die lebhafteſte Freude aus) Freue dich, Sophie! verſcheuche deinen Kummer, ich reiſe nicht.

(Alle ſtehen in einer freudigen Erwartung um ihn herum.)

Gräf. Paſſenborn (mit zitternder Stimme) Wie täuſcheſt du mich nicht?

Gr. Paſſenborn Höre! hören ſie alle. (er lieſt)
„ Den Befehlen Sr. Majeſtät gemäß, habe ich die
„ Ehre Euer Excellenz zu berichten, daß ſich die
„ Aufrührer vermehren, und die königl. Beamten
„ mißhandeln. Sie haben einige getödtet. Ihro Ma-
„ jeſtät haben alſo den Entſchluß gefaßt, ſie mit Gewalt
„ zu ihrer Pflicht zurückzuführen. Einige Regimenter
„ ſind bereits dazu beordert. Dieß hebt die Reiſe
Euer

„ Euer Excellenz auf. Der König will einen so ver-
„ dienstvollen Minister keiner Gefahr aussetzen! —
„ Ihre Bemühungen für den Grafen Dorbach, haben
„ Se. Majestät bewogen, ihm seine Gnade, seine
„ Güter wieder zu schenken. Ich freue mich, daß ich
„ Euer Excellenz auch davon zugleich Nachricht er-
„ theilen kann. Der König erwartet sie nunmehr
„ in der Residenz — Ich bin — —
    Gräf. Passenborn (mit vielem Entzücken.) O
mein Gemahl — welches Glück! — Gnädige Mama,
ich fliege zu meinen Kindern. (Sie läuft in Charlottens Kabinett)
    Gr Tarnow. Wie glücklich! (Sie läutet) Mein
Herz bebte bisweilen, ich beruhigte es. Die Vorsicht
hat alles weislich gefügt.

Sechster Auftritt.

Vorige. Simon.

    Gr. Tarnow (zu Simon.) Strohm! — (Si-
mon geht ab.)
    Gr. Passenborn (mit vieler Zärtlichkeit.) Meine
gefühlvolle Frau! — Wie groß ist ihr Entzücken — Mein
Herz litt, aber die Pflicht befahl. (Zu Dorbach.)
Morgen werde ich sie dem Könige vorstellen.
    Dorbach. Großmüthiger Freund!

Siebenter Auftritt.

Vorige. Gräfinn Passenborn mit beyden Kindern. Rosette führt den kleinen Karl.

    Gräfinn Passenborn. Kommt meine Kinder,
freuet euch mit mir.
    Sophie (freudig.) Sie bleiben bey uns, Papa?
    Karl (hüpft und schlägt in die Hände.) Das
freuet mich, das freuet mich!
                                 Gr.

Gr. Passenborn (küßt sie beyde.) Meine Kinder, ja ich bleibe bey euch.

Achter Auftritt.

Vorige. Strohm.

Gräf. Tarnow. Dieß soll ein festlicher Tag seyn — Strohm, die ländlichen Brautleute sollen auf den großen Saal kommen, noch heute können ihre Verbindungen vollzogen werden.

Strohm (geht ab.)

Gr. Tarnow (fährt fort zu beyden Perchau) Sie bleiben bey uns. Schlagen sie mir diese Bitte nicht ab.

Alt. Perchau. Mit Freuden! — Sie sind eine rechtschaffne Frau. — Ihre Großmuth ermuntert mich. Ich muß der Verwalterinn Gutes thun — Es war freylich Unglück — Nun ich gebe ihr hundert Dukaten.

Gr. Tarnow. Diese Güte giebt Ihnen meine Freundschaft, meine ganze Hochachtung wieder. (Zu Dorbach) Die Beschleunigung ihres Glücks hängt von ihnen ab. (Zu ihren Töchtern) O meine Kinder, meine geliebtesten Kinder! kennet ihr die ganze Größe meiner mütterlichen Zärtlichkeit! — Wie beklemmt war mein Herz! — Kommt in meine Arme! — Gott segne euch, Gott segne euch alle! (sie küßt ihre Enkel) Es war ein stürmischer Tag. Unglück und Tod schwebten über unsrer Scheitel. — Ich nahm meine Zuflucht zu den Herrn der Welt. — Er verlieh mir Stärke. Religion! — dir verdank ich mein Glück, meine Zufriedenheit!

Ende.